十載感思與存想

——衰世危行亦危言

周群振　著

臺灣學生書局印行

十載感思與存想——衰世危行亦危言

目次

乙編：正理平議與觀行記實

附錄：

甲編：

我所感知於「唯物主義意識流」的汎濫

壹、軔言：綜敘為學始末

我這裡以一個論文形式的題目作書編之題稱，是不太符合一般簡單省目、直表本義之體例和要求的。因為就書中涉指的內涵看去，除第二、三兩篇可視為切題之論述外，餘下四篇則概係針對幾位當世學人所為言說主張，做不同際限之辨析；而今輯成整本書冊所要示現或積載的主體宗綱——關於「唯物主義意識型態」批判之理序——則多只間或在各篇行文機勢中方便傳達見之，以致全幅思感本懷，反成隱密附麗而若居無關緊要之次位矣。茲且如實說來：凡此所撰諸文，基本上都是不忍見違道悖德的唯物意識之太過泛濫，足致通人情志於迷亂昏沉，而思求有所救正下完成的。遠因，蓋由深觀人類歷史社會之變治為亂，召禍滅福，無非是肇啟於這個東西（唯物意識）之時時處處露其如鑽穴乘隙的怪象和劣跡，輒為之心懷憂危慄懼，感如親蒙侵害疼痛者；尤其看到近現代（包括自清末、民初至今的百餘年來）許多負有開發指引歷史社會責任的學者專家見理不明，竟爾懵然無覺，還一味憑藉偏邊智識之多量，煽風點火，認偽作真，曲解人性，混惑世情，莫能糾舉其非義。至可傷也！

上述感懷之興生，當然不能全歸於客觀外勢之撩撥，固亦應有我自己內在、相對適切與否之訊息和由來的交待。此就吾八十餘載之生命歷程言，必須截分前後兩個期段作敘說。

【前一期段】：自吾幼年時節，生長在湖南湘鄉鄉下、衣食尚稱豐裕，不慕縉紳，不圖仕宦，但知安分守己、順於宿命的農家。六、七歲（民十八、九年）起，一面要幫忙父母做些田間小項雜務；一面也斷斷續續進入私設塾學，循例讀些老輩先生指定可以增廣見聞常識之鄉俗通書；稍長，則逐漸升讀四書、五經及綱鑑、斷代史傳略等一類之古文典籍。雖然塾師但教句讀字詞，不作義釋，而吾於諷誦、默識中，卻也似能聲氣相應，意理有省。十八歲（民三十年）輟學在家，耕讀並習，頗能文言成章。適因抗日徵兵，離家至沅陵任機關小吏二、三年，歷練世務，稍識社會情態。二十四歲（民三六年），再度為兵役事投效青年軍二零五師任志願兵，隨即來臺訓習戰技，由是相續六、七年南北徵調，不遑寧處。非但功名無就，即原先稍見刮磨有得的志學和信念，亦幾全成萎折荒蕪，而翻省歲年已是三十臨頭（民四一年）矣。正當自嗟無奈之際，偶而獲得新儒家前輩先生一二文章讀之，大有啟發，頓覺世間機理，竟有如此合當可為之路道。當即廣蒐遍覓凡有唐（君毅）牟（宗三）錢（穆）徐（復觀）諸大師論著發表之刊物，如《人生》《民主評論》等，翻覆詳閱，愈讀愈感親切，至獲我心。不久，便情不自禁，投書拜在最所欽敬的牟宗三先生門下聆受教益，自後或親謁，或函詢，日居月諸，念茲在茲，寒暑不輟；迄於先生逝世（民八四年），計整四十四年未歇（吾先有〈從遊牟師憶往〉追悼文詳述往情，刊《鵝湖月刊》二四〇期，收入《牟宗三先生紀念集》之陸輯三卷，今復輯為本書乙編第伍章）。乃得差可成就至今五十餘年形於步趨、見於羹牆，進學說理之現象性大事因緣。

不過，在於此處，我仍要作一附註式的綴補，那就是，通貫吾整個生命——包綜自蒙童至今垂老之年，固有種自足常樂的性向，凝鑄為終始相應，從不懈怠變易的「好善惡惡，稽是察非」之敏感和執情，是亦即如上所歷敘的經驗程節，看來很似「架空過漏」地幢幢往復，全然無有正點育成的收穫；寫在這裡，甚且可能招致讀者朋友認為「思言煩瑣雜湊，無關宏旨」的批評與摒棄。然而事有異象，機有別緣，則正因我人在屢屢遭逢敗績失落之境況下，同時也深刻感受、覺識到世間現實方面，太多違理悖德，囂張混亂的物事，故而愈加激勵振發了初本隱然存有的「善為自我」的信念和志意，透著對一切造禍作孽，乃至只是可能導致禍孽的乖言僻行，完全不能漠視，而思求出與諍辯駁正的憨直甚至衝動。當然，也許是我潛身下位，無意顯職，並且稍解消長進退，謹守趨避應對之原則故，沒有直接招召過惡劣外勢強壓，而須作生死以之的抗拒；每遇些微各別委挫或不如意事，皆可以「善為自我」的心懷忍之讓之，化為無所謂的安和結果。

可是，如果碰到有關德義屈伸，人格直枉，或歷史文化興滅存續之大節，橫遭扭曲至於折損摧破，便必然會從主觀意識中湧起「其直如矢」之客觀志勇，奮起而闢距之。此時唯一感到缺憾的，乃是自己智識才具不足，無法為相應有力之說帖與克治。這也便是吾上述約二十年間最所困惑莫解之煩愁。必待師從牟先生，聽其點撥指引與開示，才得明白箇中所以然之歷史的成因與形上理則，因而存在生命轉為積極順通，乃有至今五十餘年，即

【後一期段】：自覺的勵進和衝發。而其經歷實情，自亦有可資為分說的兩個重心與環節，當為複表於下：

A先是全神貫注，充實一己內在之智能，盡情蒐讀相關生命志意的書籍文典，諸如歷史流變，社會發展，尤其是學術風尚，思想理念方面各家各派之論著，凡所足以增進德慧術智者，得之，無不窮研細審，體會於心。只為自吾幼年重病傷腦，記憶失衡，對於一些特定的名言物事，如其跡著或出處之時間、地點及書篇，往往隨見隨忘，以致難耐翻檢繁複，不得為詳實明確之考列疏引（偶有必要者，則須依託內子魏玲珠女士代為搜尋）；卻幸也能就所意會之總綱大義，順直覺觀想以行哲理之抒發與表達。所以自民國四十二、三年起（時方任職陸軍訓練部隊最基層之班、排長），斷續寫出若干個人思維與感懷的文字，六二年輯編為《人生理想與文

化》（商務人文庫版）；嗣後至九二年則賡續印出較大部頭的《儒學探源》（鵝湖七二年版）、《荀子思想研究》（文津七六年版）、《儒學義理通詮》（學生書局八九年版）、《論語章句分類義釋》（鵝湖九二年版）等書。其間除《論語》〈分類義釋〉部份外，餘皆是在國內外相關之學術研討會宣讀及集刊登載之論文所輯成。

上面吾之概舉思言論纂以陳說，千請讀者先生不要誤謂為自作矜誇炫耀！如實而言，我生平對於任何虛張聲勢的假相，正有似孟子所述「伯夷……思與鄉人處如以朝衣朝冠坐於塗炭」的「不屑不潔」之癖性！然則所以纍牘疊行為自己之既往行跡稱說不諱者，則由每在演繹申析正義時，總覺其本屬盡情合實之自明真理，何以在於人類歷史長河中，竟有如許多視惡如歸的粗野狂夫逆倫反常？此猶不足深慮，因為仍可經善人導之而「勝殘去殺」、「化成人文」；其中最難為解者，則在明知道義當為，初且意欲向上，乃至以善為教之正業人士或碩學者流，亦輒有故標異議而專事儒家道德心性學之非譭為快也！吾於是屢為忖度，亦即在每一思寫之當際，逐漸發現到人、事、物、業之固有無窮多樣或多元的複雜和間隙。就中賢能之士，自必運其先驗智慧以成清理明潔、彌合妥實之功德。反之，僥倖之徒，則適可利其鑄縫鑽鑿，而逞巧計、謀私利，毫無忌憚。究其所以激越動發之原力，則只是一個普在人身，可任各自放縱奔趨的「戀物好貨」的情結；況其又確係日常生活之所必依順，本難免膠著於「物實至重」之偏崇；若久而不得天賦「良知」之調護，則將漸漬為物化心理上不可刮磨的苔痕。此時，一些博知廣見、解心常染，期於高顯名位者，又復伺機渲染，說是社會大多自由人之「共感同鳴」，定義為無待德育，而可隨無名無實，無的無向，純粹虛擬，杳冥縹忽之「存有、此在」中，結構出「互為主體式」的「公民社會」、「生活世界」。他們據此為準，反對一切形上實體之道德論證。徹底模糊甚至拆毀掉「人之為人」的基本信念和理想，酵化為凝固執一的唯物的「意識型態」；恰恰滋長許多肆所欲為的野心家，正式宣唱其獨尊的「唯物主義」，映射出「共產均富」之幻影。而且強造個荒謬的「唯物辯證法」，硬指人類歷史從來如此，惑誤並招引一般胸無城府的庶民大眾墮入彀中，隨其幡揮左右旋轉，乃更積非成是，濁流四瀉，影響深遠而禍遍天下與後世。這是今日世界大紛大亂之所因以釁啟、莫可收拾也。吾甚憾無力為挽，卻常懷維蓋滅絕之懼，以是，不得已而有：

B新近十年間，所見明白虧損儒學大義，適以成其縱貪促腐之僻言異說，特為之謹慎嚴正諍辯——是即本書甲編七章主體重點之所存。至於乙編七文，則是繼前期段原本「欲立欲達」與「端的正行」意理之隨機所續發。故就此而為各別又統貫之思維或審視，當亦可使讀者先生了然於我「善善惡惡」涇清渭濁際限之爽朗分明。茲且複就二者較長而義繁各篇，略為簡明之提要（本軔言及諸短小易識者除外）。以下即依甲編之二、次第行之。尚祈不以贅言贖語目之則幸矣。

1.**〈人生哲學之二門「唯心」與「唯物」——從當今世代病象之治療起念〉** 先列〈提要〉和〈引言〉，略表立篇之用心與意涵，〈本文〉則要在闡明「人生存在」整體之價值，而其撐架形式，無論靜、思、動、止，總離不開心、身啟發運作的關鍵——心為性靈，居中指使；身為物實，順命從事。二者合以成其人生，則有所謂的「人生哲學」。故若就哲學而研求其真實合理之存有，則必窮至心為主而重，身為副而輕，然後算得正確與終極之結證。本篇循此以觀當今世界之紛擾不寧，基本上正在人多不明此分際，且常執意反其道而行者。此則六、七兩節之所詳陳也。

2.**〈儒學關於當今勢運之開濟〉** 首藉〈引言〉一則表明立篇之目的；接著二、三、四節，以較長篇幅歷敘自孔、孟以來儒者為學之在於中國歷史社會巨流中，揮發義理以經天緯地，化民成俗之大成的偉業。由是信得其過往一波波開濟勢運之宏效；必可對當前「唯物主義意識流」所致洪災，行克治塗消之實功，則五、六兩節之所為詳陳也。

3.**〈儒家心、身位階之衡定〉** 因為楊儒賓教授著《儒家身體觀》一巨冊，對於整個儒家學理，只拘限於醫家治療所認知的「物質身體」一層面，其據論之典要，則偏就《孟子・盡心上》之言「君子所性，仁義禮智根於心。其生色也，睟然現於面，盎於背，施於四體，四體不言而喻。」幾句中之「面、背、四體」，視為儒家思想之主體論述；然後依《管子》〈內業、心術、白心〉，及馬王堆出土之《帛書》〈五行、聖德〉等孤篇，甚至遊仙術士之流言；滲合著宋明儒中〈心宗〉〈性宗〉諸系派理念之攪拌而成一大混沌。是吾所以特提「心物位階」之論辯，以正其「唯物為尚」之偏傾也（本文先已著為《儒學義理通詮》之〈附篇乙〉。今為其與本書主旨屬同層之論述，故全篇復載於此，以見思理之通一完整）。

4.**〈儒家圓教與海德格存有論思想之對勘〉** 緣於謝大寧教授著《儒家圓教底再詮釋……》，依從海德格物化為實的「存有論」，明白對反乃至專以攻擊、摧破中國傳統之「道德形上學」為主旨。其思言進路，先是大幅蒐記、繹引宋明儒者和佛家典要中，可資假託的片段語文，行深入敵營、操戈反搏的預備；然後於最末第五章各節，終竟流露其咄咄逼人的強悍氣勢，正式指名當代新儒家大師牟宗三先生創言「良知坎陷以從物」，由而開發民主、科學之義路和新觀念，抨擊責難。我於是則立〈通判〉一目總論其思源之訛誤；另更按其原著頁碼，分列七十餘條詳為評析。非好事也，亦不得已而聊申是非之真義於無墜耳。

5.**〈與林安梧教授關於「內聖外王」問題的探討〉** 十餘年來，多見林先生在各方報刊雜誌發表明顯對反儒家傳統理念的文章。本文則特就其刊於《鵝湖月刊》三五〇期〈後新儒學的新思考從「外王」到「內聖」……的儒學可能〉提出質疑：顧名思義，可知林君該文是蓄意翻轉儒學自上而下、由內而外，無形有形、同體通一之理念，故為歧岔銳穎之便給逞辯，而唯無的無準、縱欲所至的「生活世界」與隨風媚俗，因利為斷的「社會公義」之追求。我則以為無論「生活世界」或「社會公義」俱須是由個體人好善惡惡之內心意願交集合作所就，不可能在排斥或倒置人之善良心性下而竟得完成的。捨此，而逕謂從「外王到內聖」，根本是「唯物主義意識者」之狂想。非但無所益於當代，抑且將遺後世以無窮之患害也。

6.**〈再與林安梧教授「關於後新儒學」諸般概念之商榷〉** 林君原題及內容要旨，俱在繼前〈後新儒學的新思考……〉文未盡之意（其實他每論都是重申這個意思）；也可說是對吾先前相與探討「內聖外王」文之具體回應。彼其全文，並無始元至終極之整體理論之貫串凝合，只見為條條非常凸兀可怪之異指之散說。我故亦僅就其節段標題所顯露之意態與用心，一一給予義理之評正。看似不符一般的論文體例，卻也實因林文枝節蔓衍，原無待強為之歸一統判。至於吾正崇儒學之基調與思源，則所在皆彰彰明甚，有心人應可一目了然也。

乙編：正理平議與觀行紀實

一、**〈道德主體與道德實踐〉** 本文發表於「亞太綜合研究院」八十八年一月主辦「當代社會之道德重整與心靈改革」學術研討會。義旨與先前數月在「山東大學」與「鵝湖月刊」聯合主辦「牟宗三先生與當代新儒學國際會議」宣讀之〈人性本善與道德實踐〉（已輯為拙著《儒學義理通詮》之一章），多屬同層意理之論述，惟啟動之機制與針對性，則有明顯之區隔和特指——具見於〈提要〉與〈結論〉。故復錄存於此，以備讀者之能各窺全貌也。

二、**〈與李淳玲學友書——關於「康德哲學」淺識〉** 先是因李淳玲學友惠贈其自著《康德哲學問題的現代思索》一書，對於牟宗三先生《現象與物自身》巨著〈卷首〉，就康德「審美判斷力」所致疑難之〈商榷〉文中，以為康德將道德實踐之主題——「自由意志」與「智的直覺」全歸上帝，人不能有之的問題，李學友甚感不能同意，便作了多方或全面的辨解和通詮；中間且牽及康德所認定人性為「根本惡」的觀念。我則於函謝其導發吾許多原本無甚了然之相關哲理外，並依儒聖孔、孟「心仁、性善」之論旨，作成五則的申言。非敢輕窺大哲，實以理有必至之不能無言耳。

三、**〈從《生命的學問》一書覘牟宗三先生的儒學志業與時代關懷〉** 牟先生學思明敏，著述宏麗，論理發玄，堪稱多元。然其成德達材——理性理想之昭露，則具見於精察世變：隨緣講演宣說，呼喚勉勵後學，蔚成《生命的學問》一名著。吾不能盡其豐沛無限之內容真理作詳析，僅依〈人生智慧之啟迪〉、〈民主科學之開發〉、〈人文理想之護持〉、〈宗教義理之分判〉四個小題，略表服膺和介述之微忱而已！

最後，總贅數語為結：吾生無顯行，亦未及在名校久任教職，不得高材志學者相與切磋之緣，故鮮名傳於社會，僅憑愚勇淺知，交遊學界師友，勉為文字達意，如是而已。敘言姑止於此。

貳、人生哲學之二門——唯心與唯物

一、導　論

當今學界通人與夫喁喁眾民，無不深感或實受到一種時代低氣壓，甚至如罹水火之災的侵害與苦況，而亟求解脫消弭之未得其方。筆者以草野荒鄙之材，在胸懷鬱抑、屢蹈險阻，幸獲新儒家德教學理之啟迪下，反覆思索中間最為亂源之根本，惟是人類「內心」與「外物」之交會運作，全失正當善處之故所致然。情不容已，先嘗發抒過若干文字（約百萬餘言），尋根探柢，論旨則俱在依循儒學體系，正表其義理之所是。邇近十餘年來，所接愈廣，感觸愈多，則又直覺孟子「持志養氣、配義與道」風範之不可泯，因而有本文近乎「違眾而獨白」之倡言。其為理序，則秉自上而下，亦即就人之生為宇宙中心之分位，上溯至始元極善的「生之理體」由而蔚為天地萬物，賦予各個自在實存的「人之生命」，而有「性靈」與「軀幹」之轉衍而為「心志」「物量」二系之齊行並顯。於是，哲學地思而繹之，踐而發之，便開啟出「唯心」與「唯物」之二門，而在進出其間，勢必形成主、副，重、輕之異數或異路。然則二者究當孰為主而重？孰為副而輕？則全憑生為人者之覺識其價值定位何歸？即此審省觀察，度理衡情，當可顯見「心以役物，物役於心」之等差分明。故順其等差而抑揚對應，興發行止；各適所宜，共成其事，便可致「修己安人」，「內聖外王」之神效。反之，若故違常理，逆向而操弄，則將如治亂絲之愈棼，不特個己自蹈錮蔽，且必加大害於天下，是正方今世間社會混濁不清，紛爭無已之所由來。文旨的義理歸趣，則係承諸牟師宗三先生《現象與物自身》書中，力主「人雖有限而可無限」之論旨下，開立「本體界無執的存有論」與「現象界執的存有論」之兩種路數或實相，而行人生程式及所關是非正反之具體伸析也。

二、哲學觀點下「人生實質」與「宇宙實體」對揚互顯之關涉

古人云：「上下四方曰宇，往古來今曰宙」是「宇宙」為空間、時間表象之稱謂。其在於人者，既無可觸可捉之質量，又無可聞可覩之聲色。不能拿捏為對象，卻又人人實感其有，並且因之而能為言思，能為行止，則亦必有其道，必有其名。《老子道德經》開章即曰：「道可道，非常道，名可名，非常名。無，名天地之始；有，名萬物之母。……此兩者，同出而異名，同謂之元（玄），元之又元，眾妙之門。」蓋所謂「上下四方、往古來今」者，猶只達於邏輯語意的表示，而「常道」「常名」為「天地之始、萬物之母」，則基於有體有用之肯定。所以一般之為哲學思行者，大多視宇宙為超越普遍，具體真實之存有，牟先生且常津之曰：「形而上的宇宙精神實體」【在於其所著《生命的學問》及暢發道德政治，內聖外王之三書中，固常見此語】。

夫其既為實體矣，是故《詩》、《書》、《易》、《禮》作者，輒舉為「昊天」、「上帝」或「神明」之尊稱。

而孔子可以確感：

> 天之將喪斯文也，後死者不得與於斯文也；天之未喪斯文也，匡人其如予何。（《論語・子罕篇》）

天何言哉？四時行焉，百物生焉。天何言哉？（〈陽貨篇〉）

孟子可以倡言：

盡其心者，知其性也；知其性，則知天矣。存其心，養其性，所以事天也。（〈盡心上〉）

天不言，以行與事示之而已。（〈萬章上〉）

《中庸》首章則徑稱：

天命之謂性，率性之謂道，修道之謂教。道也者，不可須臾離也；可離非道也。誠者，天之道也，誠之者，人之道也。誠者不勉而中，不思而得，從容中道，聖人也。（〈二十章〉）

《易・乾坤彖辭》因卦爻之變化斷稱：

大哉乾元，萬物資始，乃統天。

至哉坤元，萬物資生，乃順承天。

凡此，皆足以見宇宙精神實體之如如而在，不可誣也。故自其為時、空之形式而觀，似若廣大無垠，綿延無盡；而自其實有之體段以言，則便當下現前具有，完整具存。要者，在於人之自反其內蘊的智能，可以任隨空間之無窮廣大而知其大，任隨時序之無盡綿延而俱以至。即此可證理上是：人有與天地同在，與歲月並行之實質和極量。不過，天地、歲月為無所負累的形而上之「有」，人則因身命限隔而為形而下之「在」。明白言之，也就是天道歲年純粹精潔，永行其所是而無他繫；人之為道，則難免於繁雜而多沮阻。兩相對勘，顯見各別之間，仍然同中有異，異復有同。同者，體之所為主；異者，用之所成功。體同則一本；用異則分行。一本則致中；分行則致和。「致中和，天地位焉，萬物育焉。」（《中庸・首章結語》）此天、人交涉，亦即宇宙人生對揚互顯、昭彰固然之程態。否則，天道不能下遂而永成晦冥；人道無由上規而終將滅絕。今幸猶未果然，乃得竟有吾人相共一堂，對談研討之局。可不知所省惕而勉力圖之乎？

三、自人生存在上溯實得動發而爲宇宙始元與至善的超越地「生」之本根與理體

凡一般之聲稱「人生存在」或「人生哲學」，語句間即涵有整個人得而為人之「生」之原理原則的意義，所謂「哲學」，所謂「存在」，即基於對此「生之原理原則」的思解與肯定而見。在此，個人以為必須動問的是，「生」何由起？起後又如何得其持續和維護？這便是依理則上溯或上推，勢必先有最初動發以成功宇宙之始元又至善之企求所必至，其在中國之前賢往聖，固嘗屢屢言之不鮮矣。例如前舉《詩》、《書》之揭櫫超越至上之神體、而曰：

維天之命，於穆不已。於乎不顯，文王之德之純，純亦不已。（《詩·大雅》）

天生烝民，有物有則，民之秉彝，好是懿德。（同上）

天佑下民，作之君，作之師。惟其克相上帝，寵綏四方。（《周書·泰誓》）

惟天陰騭下民，相協厥君，我不知其彝倫攸敘。（《洪範》）

是皆以「天」象莊嚴至尊之元神，然尚有似客觀外主，作福降殃之威權者。及於《論語》《孟子》書中，孔子則逕稱「天生德於予」，由而內化為真切地貫通上下，周遍人我之「心仁」；孟子則顯以「仁義理智」為人之大體，乃「天之所與我者」而主「性善」。進至《中庸》，《易傳》，則更明白舉為超越又內在的「誠明之體」，「乾坤之德」而曰：

自誠明，謂之性；自明誠，謂之教。誠則明矣，明則誠矣。（《中庸・二十一章》）

君子之道，本諸身，徵諸庶民，考諸三王而不繆，建諸天地而不悖，質諸鬼神而不疑，百世以俟聖人而不惑。（《中庸・二十章》）

大哉乾乎，剛健中正，純粹精也；六爻發揮，旁通情也；時乘六龍，以御天也；雲行雨施，天下平也。（〈乾文言〉）

坤道其順乎！承天而時行……直其正也，方其義也；君子敬以直內，義以方外，敬義立而德不孤……君子黃中通理，正位居體，而暢於四支，發於事業，美之至也。（〈坤文言〉）

上錄各則經傳之文，乃概就其為「理體動源」之形式而大綱地臚陳也；要者在這「理體動源」之著落於歷史社會的實踐，可以近取之「譬方」為何如？此則當總括於一個「生」字以表之。生，如前所引舉之諸般文獻或記言中，固亦輒有足供吾人之認證為實在之物事者；然在大多只是隨文附及，成為「凡是」或「皆然」之方便運作下，反而泯失了卓邇超絕之特色，更無論舉為獨立體性之位格以分說了。比較凸出而可資以深觀之典憲，則惟《孟子・離婁上篇》所論「仁……義……智……禮……樂之實」而終歸於「樂則生矣；生則惡可已也，惡可已，則不知足之蹈之，手之舞之。」《中庸・二十六章》「天地之道，可一言而盡也：其為物不二，則其生物不測。」《易・繫上》「生生之謂易。」〈繫下〉「天地之大德曰生。」此三處所言之「生」字，顯非一般之作動詞用的「生產」「生發」「生出」等義所能盡，而係實包「能生、所生」，亦即兼具名號與形容二用合一之體性或主體詞義者。蓋惟如此，然後可如〈繫上・六章〉之論旨：「夫乾、其靜也專，其動也直，是以大生焉。夫坤，其靜也翕，其動也闢，是以廣生焉。」從而達至「樂生惡可已！」「生物而不測！」同乎「生生」之易理，完成「天地之大德——生」等諸般之神效。此固吾人當下所見存在世界或宇宙、理應如是其為活潑美妙之場域所必至；而凡能由此深體「靜專動直、靜翕動闢」以致「大生、廣生」之源頭之「潔淨精微」，則且將如〈復卦彖傳〉之言「復其見天地之心」，發現其始元一點至善無惡之本根或理體，而為至聖先師創發「心仁」，孟子本之而進言「性善」之整全一套之思系所存也（如上義旨，拙著《儒學探源》第三篇肆章之二有詳申，可供對勘）。

四、由生之理體下委、實現人身，雙具「性靈」與「軀幹」之生命

上來所言宇宙始元至善之義，全屬形而上學理境面的論述。這也就是牟宗三先生素常正視的「兩層存有論」之「無執的上層存有」，順儒家整體之學理而說者，蓋為全個之人生歷程中必然具有之先天或生而即在的義理性向之開陳。但是，「先天」之為言，正因有現前實存之後天或後半的人生而為先。設若無此後半人生之程節，則所謂形而上之高層，亦必永成懸隔冥晦，莫得而見，莫得而論矣。以此，本節當復就生之理體之必然或自然下委，實現介於上下兩層之間的「人身」，引繹申論其功能之何是。

原夫人之生而有身，固是人人皆能自見自感的存在之事，然究竟何所自來？則可有種種之說法與認定：最通常普遍之知見所及者，決為父母所生；然父母之父母之父母，又何自而生，畢竟須有一完整實在的說法，人類考古學者與一般之科學家，乃窮極於太古億萬年前基

因蠕動，以至茹毛飲血之原人階段，並就其所必依以生活存在之地理、天文，作無窮無盡之實境的探測，可以謂之深矣遠矣。但是無論結果如何，終將只及於人生的物質撐架（身子或驅殼）可能有交代，而其作為主體內容的精神或知能，則仍是一片茫然。因此，從來便有宗教或神學家之以為原於上帝神奇的創造；哲學或思想家之構思為基於原子之結聚或大氣變現。我則以儒家素常之理想理念為宗，比較同情哲學思想所取的方式，卻於其初始之定於原子或大氣變化集聚之見，則不能苟同。因為那仍只是依傍科學以為掩護的態度，不足成其真理。這裡，我們必須暫時放下或避開僵呆形式的物實牽扯之論證，而當依超越觀念性的純粹精潔之元神作體認：其在中國昔時，老、莊則以不可捉定的「有」「無」對顯之玄理為虛映；孔、孟則憑直覺感受其惠愛之「天道」「天性」「天命」為具體之徵象，由而見有如前所舉《孟子》、《中庸》、《易傳》之「生惡可已」、「生物不測」、「生生不息」乃至「靜翕動闢」之勢能的運作與興發。如今為充極一本大始與散為萬殊之至功至德，我們正可一方面視若體性化之元神之時在心身上下左右，以鈞持並奠立吾人之為人之「價值」；一方面亦可經驗地確切感知或撲捉為代代產殖繁衍之實在的「人身」。夫其既成各各之人身已，則自然固有各各獨立或獨具多般才品之活潑全形的「人生」；順此再就其必進求理想實現途程中之得與不得而言，則一一之「生命」塑相，便躍然現在，而可為是非、誠偽，善惡，邪正……等道德理性之客觀辨識矣。

基於如上之步步推引而綜觀之，已盡每個或全部個體人通統的存有之相。可是從「生生」之實理處作考察，則仍顯見其當有「所以致然」之兩大成因：一即「隱為靈動的精神理性」；一即「著為形跡的物質身軀」。二者本屬先天地「生之理體」開展其自己必然注水成渠之交融與和合。不過前者為徑直傾瀉，如孟子所云：「猶水之就下」的呈露（上來各節數言，多不外此）；後者則係經由婉轉曲折之造化的規限所達至。即以此故，則形跡的身軀，便於承續理體之大生大用上，有了一陣應乎物實需要之小生小用的間隔。明白言之，亦即在通過家族父母生育子女，子女又生子女、生子女之代代綿延下，已成一普遍現實的物種繁複產殖，而可經驗地接感的機能系統之生。繹其初始形成之序，乃由胎孕至脫離母體為嬰孩，只是個純粹天然的血肉之軀，待至軀幹日漸長大入世，然後生而本有之靈性隨而啟萌用事，便得有動作由己的如如實在的「生活」，從而蔚為自主自覺，全幅全面之「人生」。此乃凡為人者必所經歷的生之態勢；而在企求實現超越理想或理念之操持過節中，亦便必有「性靈」與「軀幹」之異能異用，不可不為重輕強弱之判別與行止；並且依於造達高上人品之目的，無或不以性靈之強而重者，管治軀體且置為弱而輕者之為貴。這個道理，本是通常人皆熟稔的。惟大多流於「習焉不察」，致成若無其事的荒蕪之境，甚者且反斥為無益而鄙棄不理，此則正為吾人今之必須珍視而重振者也。

五、生命中最爲主宰的「心志」下開哲學之二門
——唯心與唯物

本文自初揭人生、宇宙之關涉，及上溯元始、本善的「生之理體」，由而下委，雙成性靈、軀幹之「現實生命」迤邐說來，至此已漸臻主題所規畫的重心——「人生哲學之二門：唯心與唯物」的本旨了。關於這個問題，我想有必要先就個人所設想的名言詞語稍加解釋，以免滋生議論差誤。例如：「人生哲學」一名號，本是通人皆能泛泛言之的命題，但多無一定內容作匡範；我這裡則特舉為整個或全個生人言思行止之代稱。分別言之：「人生」，即人之全幅具在的生，包括生活、生事、生命、生存……之諸義；「哲學」，則一如學者大家概以表形上實在或形式法則之推述。至於「唯心」「唯物」上嵌之「唯」字，乃以表崇仰、趨尚或執著等強烈情緒或態度之意；唯心、唯物，正皆近今世界思想學術常見流行迴蕩的觀念性物事，但多以二者為各極一端之相等又相斥之「意識形態」的標籤，而行左右偏傾之單邊的推舉或取捨。本文則相應人類歷史社會既然之情實，並提對比，透顯其價值涵蘊之高低

可否的分限作判釋，故直秉整體之「人生哲學」意理而有〈主題〉及先前各節段許多蜿蜒曲折之推述。此下則仍宜回向生命主體中居於「發蹤指使」地位的「心志」之機能為說。

蓋如前所反覆疏陳，人之為生，終必歸於原初無質渺形，又若虛實有之「至善意理」蠕動周流所致然。則當其結聚於現在之人身者，便是當下可感可見之「性靈」和「軀幹」。然二者之中，「軀幹」既因化育之過節，已轉為物質更代的產殖之生，而堪以任情運作的視、聽、言、動及其迎取外物，並置為對象以對治的經驗世界。惟「性靈」則係直接秉承先天元善之神功，投寄或依托於軀體以葆其完形，而且賦有「道德」、「知識」、「才藝」三種先驗的本能，如康德批判哲學所開發的「實踐理性」、「純粹理性」與審美的「判斷力」者。三者之末的「才藝」一項，是以舒適快活為得，虛實有無皆可之中性的：所以雅致者則有之以為貴，多之以為美；澹泊者則無之以為樸，少之以為簡，似無關乎人格修善之絕對必要性。伊川昔嘗有言：「大德之人，不以才論。」蓋謂凡為人格價值之審識，不必以才藝之高低或多少為準則。

然則「道德」「知識」二項之存有與交涉又如何？此則應如《中庸》所謂「道不可須臾離」之天賦性靈，垂成「心志」之系統下，看其因應事物所為權重或鈞持之「分相」與「共相」，是否各得其正，各適其宜。平情而觀，分相，則表多元，本質上是「知性」外向之吸取或造作物事，特顯冗雜繁富，表現功勛；共相，則歸一元，賴於「德性」之內斂，資為凝固和融，煥乎文章。若無如此清晰的了別，分則易致流散而紛諍；共則難免攪混而武斷。此人類思想史及其落實於政教方面更迭常見之實況。在於中國古代，儒家巨匠孟子則稱人性善而主「仁義內在」，蔚為超越理想之崇尚與信持；荀子則稱人性惡而主「禮義外制」，發為現實經驗之認同和操作。兩家思想理蘊之淺深及其所關世教之影響，可於後來漢、唐、宋、明各代學者和主政人物之對「內聖」「外王」，或則尊此而抑彼，或則倚彼而攻此，往往形成強烈的諍辯對立，甚至惡意傾陷，危及國脈民命之事跡而偵知；迄於近世，一般位據社會上層的智識份子，特別在那以哲學思想自炫自高者流之忸於西方倚物為論之歷史的成見下，範鑄為「唯心」、「唯物」對峙之兩大壁壘或勢力，在各個場域翻覆喧騰，時則侈言匡扶；時則假名改造，種種詖、淫、邪、遁極盡挑撥逗弄之濫辭，業已致整個國人於蔽、陷、離、窮混沌無明之迷途【「詖辭知其所蔽，淫辭知其所陷，邪辭知其所離，遁辭知其所窮。生於其心，害於其政；發於其政，害於其事。」語見《孟子·公孫丑·上篇》〈知言養氣章〉】。此則當代新儒家前輩大師如：熊（十力）唐（君毅）牟（宗三）徐（復觀）……諸先生，窮畢生近百年之苦心孤詣，舌敝唇焦地講學著書，思欲力予拯挽之高風亮節所由以榮貴也。本文亦即秉此情，既有如上各節之申言，且當切就「唯心」「唯物」二者之思維結構及利弊得失等進而辨識之。

六、唯心、唯物之爲名言內容及價值意義之分異

心、物之為名言，在於中國亦係自古而然。例如：「人心、道心、天心」，「什物、百物、萬物」等稱號，上世經史書傳中，固可隨處得見。大概在天人理同，物我體合，乃至「大而化之」之思想或觀念形態下，兩者並無鮮明地相對互異之運作和表述。迨後世情愈益開通，文明愈益繁盛，便漸露天、人、物、我，既相收而統合，又相待而歧離之徵象，而有中世紀（約當漢、晉、唐、宋之階段）「心性」、「物實」各從其是，各適其宜之殊途分工；復因生人情感、情識之難免於偏好偏惡，乃突顯出價值意義的天性，人欲之排拒互斥而若不相容；如今則更潛殖於人類之現實生命中，肇啟原無必要的「唯心」、「唯物」兩大意識形態之畸峙，形成冰炭水火似的流派對立之勢，尤其偏傾經驗現實及信持「唯物史觀」，倡言「唯物論」一邊者之視馬、恩、列、史為救世主而大肆宣揚，並採革命手段強行推銷之某些黨人之在世界任何角落或廣場，起著催迫醱酵作用，甚至製造毀滅性戰爭殺戮之不已。極於此時，當我們生而本有之道德本心、良知理性，猶幸未被污衊、至於完全殄滅的關鍵時刻，

自應不「待文王而興」，善操天與天賦之德慧術智；定住人生人文之存在意理；行其是非曲直之判釋糾彈，方得為天地之肖子而俯仰無愧怍！以是，當復就唯心、唯物一般論說關於天道人性之護持或背離的價值意義進而明辨之。

(一)唯心論奠基於道德本懷或道德意識，是為正價值

天地間本只是一個「心」之彌綸布護。有它之為超越的先在，便自能「不見而彰，不言而信」（語見《中庸》），自能「四時行焉，百物生焉」（《論語·陽貨》）。原不用專門或獨特式的強調——「唯」的字眼為冠首而後見其尊上。但是當其落實或具體化為人身之能思能想之性態時，則亦可有甚至必有與之相對的他樣或他項之物實理體之激盪。在此意義下，「唯心」之名言，本質上縱仍屬於非經驗事物之比的超越無待的存有；而形式上則固閃避不了別有與之等位平行的「唯物」名份之分別相。吾人今之舉「唯心論」為說，一方面正因現實上果有如佛家所謂「假名」的「唯物論」之幻影而逼至；一方面卻也需要注意不能掉在它的圈套中，泯失原本心為主體自身之絕對尊嚴上位之風格。這雖只是一間之別，但失之毫釐，謬以千里，若真任其各自據實揚鑣，分道相抗，則「履霜堅冰至」，終將有喧賓奪主，漬染全局，釀致「天地閉，賢人隱」之大殃者。

然則何所見「唯心」之獨為尊上？且復能保其遍施潤澤於他者（包括人、事、物）而不至移易泯失其本真？關於這個問題，我人以為不能一味求解於外，必須反躬內省當下此「生」之所以然者為答。當然，這樣的進路，會有淺深或曲折不一的歸結，但是只要知所內省，則無論淺深曲折的實情如何，便必然透顯一主體自我之挺立，而且即在此自我主體挺立之中，完成其生生不已，而與他在之人、事或萬物同體共生之大我也。在此，也許有人仍要懷疑為一己主觀之私執，未足以當客觀實在之通論。對於這類的異議，確似難為他力置入之辨解；還是得就懷疑者之能生起懷疑之心之實在性作檢視。因為惟有在這種可以信得及之後翻式的檢視中，方可真真捉住一個絕對而充分，無有竭期的「自由意志」。如此自由意志而果得，則不用說消極式之懷疑無從以興起，即積極的「我思故我在」，亦若屬多此一舉之贅辭，而惟見寰宇永宙、天人性命之間，盡是一片纖塵不染，精湛寧淨之美景。不過，此亦仍難免一般知解宗徒之流為耽空沈寂，未足以語天德普被，人文化成之至功。是則隨而當有一依身而共在的複式的道德理性或良知之為主而運，始得盡其極詣。必至此境，才得見人生宇宙之非虛無空懸，而為如如實在之德性理體的呈現。明白言之，也就是成得價值充盈、最高至上的絕對完滿具足之存有，而為人人所當信持崇奉者也。於是，便須進而明「唯心論」之果為道德價值依歸之意義。

夫所謂「道德價值」，是依於人生宇宙之「存有」，而同時應有或必有的一種意義性物事。此如先前所屢言：宇宙或天地之乍現，乃因「始元、至善」之理體不容自已之動發而肇啟，即此肇啟而問其何以要如此？則不能不說為初本包具著兩個偉岸而高卓的成份：一即「始元」之為「點」；一即「至善」之為「力」。由點之份所以得貞固；由力之份所以能幾動。二者合以蘊蓄天地之化育，進且演為具體而微的小宇宙式的人身。其為過程，實有若一而二，又不二而一之顯、隱雙行的骨幹：顯則見個個模樣有形之人物；隱則存通聯各個人物於共許共生之無形的德性，是真人之所以為人的至寶，亦即儒家先聖先師孔子極稱「心仁」；孟子力倡「性善」；宋明諸賢申言「天理」、「良知」，以及《論》、《孟》、《學》、《庸》、《易》、《禮》諸典獻之著為嘉言令音，蔚啟人文者。揆其所資，莫不皆因體認得此內在而又超越，主斷亦復客觀之道德價值之暈發，故能成其充實飽滿之人生與人文世界；即或時勢氣運常多阻隔而未盡達，亦必始終無懈地以為標的而向之以趨。事實上，正如《周易》〈卦爻〉義之結集於「既濟」（六十三卦），末復繼之以「未濟」（六十四卦），以示必須重起而成「周而復始」之永續不止，蓋即原為道德本質，具現道德意志，帶出存在的道德價值，決然為維繫人間世之長發其祥，綱紀昭彰於不墜不朽之安全樞紐所必至也。

(二)唯物論之緣於物理意識與情欲希求，常致屈德反價值

從相對形勢作內容的分析，物之為名，並無能為自主自覺，而與心相平衡對立的本體或本性，所以嚴格說：物，只是心之動發著落而為經驗實在之總稱。故其在於人生宇宙之位階，是屬於第二層或第二級的。當然，這也是心之理體自己求為呈現的一個定然而必經的過程；否則，不僅物不能有，即心亦永淪晦冥而等於無。不過，當物之既已為物矣，則亦可另具產殖之機能，由一而二、而三、至於百千萬億相續而愈多。其在人身者，且因得心之存寄，而皆終始有致，各自成其直上直下的天演天成之貴生。由此綿延展布，因時順勢地開發下去，便是繽紛異樣，繁複萬端的現實世界之所緣以興起和存有。試請佇立環觀，眼前具現的這座高樓，那些飛機，繁華的城市，多樣的世情，乃至整個的地理山河，太空星象，哪一件不是由人之心志利物所創造和揭露？依是而還顧自省，我（人）之為我（人），既能思、知以蓄志；又需食、衣而養身，豈不亦即心物二者之拱現？但我（人）將如何運作得當而各正其位？各適其宜？此亦可有二途為依循：一即尊心之思秉彝好德以主心而運物；一即順身之欲安享逸樂而攬物以饜心。前之得志，自必抉別緣起世界中固有是非、誠偽、善惡、可否之分際，成就應然、合理、正當之事業。後之得志，則多隨物起念，因物為得，忘其身之有可

自足自發的仁實，甚至甘為物役而不悔。此本自古常然而如今尤烈之情態；為求達至人類生活於優美贍足的境地，固不可輕斥為不當。然若一往不返，至於拋卻、或反噬詆毀心德為重之正途，則悖理逆性，必致甚害天下於無所底止！不幸當前世界的大勢，正一步一步踏著這條險路在進行。揆其為厲之階，而特令我人為之怖慄憂懼者，則不能不說全由「唯物論」這個意識型態之普遍侵蠹人心而難一朝揮之使去也！於是，我們須就「唯」字之加於「物論」上之種種現勢及其災害人類之深重，明予申析之。

1.「物論」與「唯物論」之可、不可的義理分際

這裡所說「可、不可」之分際，是由人生存在之應有或不得不有的格律型範作準則而定義的。夫物自為物，其在天地間且自成一領域（簡稱「物域」）乃不可否認的事實，我們人對之——包括自然產殖的自己身軀，有所認知而予以申說、解構，乃至於推述、處理，是為「物論」。這當然是「可以」的。因其基本上關於物之為物與人之為人各自當有之「本能質地」，並無任何的破損或增益；只是物之利人，人之用物以達實用、造事功，蔚成天地生生之大德的一環而已，誰曰不宜！然若倚仗知識多積，冒據思想家或哲學家身份，藉著巧辯偽飾，硬拗武斷的佞才，於「物論」之上，強加一「唯」字，正式揭櫫所謂「唯物論」的主張，並且魯莽滅裂，橫逆暴戾地實踐之【以此方之，世之人往往確屬自覺地造成或懵懂地活

動於其間，當然亦多有明知其非義而因循為之，卻又不敢自承者】，是則已進於乖謬荒誕的極惡之境，非普通的「不可」二字能盡其情實矣。何以致其然？則須知「唯」之為義，如前所言乃「趨尚」之意，趨尚則必動發於心；「唯物」者，即心之向物而反主物以制心。故「唯」之加於「心」而得稱「唯心論」，雖無必要，卻也無害；若以加於「物」而稱「唯物論」，則必失心喪志，而惟本無意志目的，亦即不能為是非，真偽、善惡，可否之判的物之奔放下流是隨，不知所歸。尤有甚者，則是其蛻化過程中，心雖隨物而又實不泯其動發之能，致使物之得心之附依，將更如虎獅添翼之勢不可當，而使得本無是非，真偽、善惡，可否之能的物，成失心喪志人之假以造作是非、真偽、善惡，可否的墊腳石。這便是近今「唯物主義意識流毒素」之能以四處蔓延流竄，遍及世界各地故也。平情而論，天下之人，原本多是心無城府的善良百姓，一經此類居心叵測，卻裝作才學高超之僻士之鼓吹炫耀，蠱惑欺罔，自必好奇地信假為真，盲目跟從而不悔。何況其又果能正對人皆具有之血氣身軀，「刺激其生理之衝動，逗弄以物實之需求」於短暫效驗之快意和滿足，而望世風不致披靡，社會不致紛爭；政局因以安定，百姓因以和樂，自由自在，坐享所謂「現代化」物質繁昌的成果。雖至愚亦知其如「緣木求魚」之不可得也。

2.唯物論之成為意識型態，及其侵蠹人性之強勢，使人忘其身之何是

就心性之為道德主體而言，本無物之先驗的地位。可是在它（心）之求為成事達用，而運動以赴之過程中，物、則固為必備的對象性資源和憑藉——缺了物資，心性主體大生、廣生之德，亦便無可以為結聚揮洒之地。就在這個合成的關節上，鑄定是「心隱」而「物顯」，致常使人見物而不見心，因而生起種種的錯覺：首先是通人皆以當下感觸所及的身軀為人生之全；而廣智多識者，且藉著邏輯數學一類的巧思，推見宇宙「現象」之單邊，為惟一可借經驗考證之真實。於是，原本為超越貫注或運作物資之形而上的精神主體之「心性」，便沉落或置定於物體物質中，為其附帶而來的次級成份之一。此便是現今世界依於生物生理發展出來的所謂「心理學」【就其對應或解析現實身軀之生活情狀，乃至醫病之作用而言，自是一項重大的成就】，而仍屬科學領域之事。然而一般之為思辨哲學者，卻不自知其思辨之固另有高明之源頭為所承續，並且先或貴於科學之範域，而竟隨是非、真偽、善惡，可否不定之物性盲目以趨；隨趨於物，而又不甘受限於科學單揭「物論」之少理想而卑淺，遂貿然以哲學姿態或位份自許，而主尊物尚物之「唯物論」，形成強而且韌的「意識型態」四散流播。使凡從於其事者，有如嗜食鴉片之毒，自味太嫌孤勢，復欲誘引他人共嚐，以達同幫多角之相與勾結而互濟；他人之若有不從，則更採陰謀詐騙、強暴殺戮手段，逼迫之就範，絕不容有絲毫同情和憫恤的人性之流露。

當然，就於此中細究其流衍之軌跡，蓋亦詭譎地涵有某種既相矛盾，又互假以為利便之難於理解的機勢，是即：任何堅決主張或投身其間執行方策者，明明以反對良知理性之「唯心論」為標的，卻又自以其所意識的「唯物論」為十足地合乎道德良知的理想而資為鼓舞、激勵大眾氣機，相從而不悔。那麼；認真地站在唯物主義者根本不認可「道德唯心」的立場下，原是不應有依道德或唯心意識，允許主觀尊嚴和客觀尊敬，而行所謂「鼓舞、激勵」一類之表彰、表揚活動的。因為這樣便捲入了以道德為基準、作號召的價值領域，根本是唯物意識的否定。但他們卻亦可因「劫」命作「孽」偽稱「革命作業」之催化進程中，有要挾，裹脅群眾及自我安慰的需求時，隨其所欲地運作得有模有樣，頗得其妙。此便可見「德性唯心」理趣之普洽人心而無所不宜，絕非可以孤癖地誣妄反對或強力清除的。只是比較起來，內中略有或則借「革（劫）命」為手段而狂飆顯行的「某某黨」；或則據學術公器作掩護，而為不露聲色，不著形跡之幽靈式潛改默移的學校教師或教授之動員的不同而已。揆其影響之最足令人憂畏者，則尚不在工農商賈，市井百姓，誤信盲從偶爾生發的小事小故——此只須「善人」三、五十年最多百年之善政、善教即可化轉的問題；真正難解的糾結，乃是可能禍延百世、千載，連善人也都出不來的大黑暗！故我人以為：上述後者之本智識為能事的學者人士（觸忌深泛，暫不具稱其名號，識者思之便知），確實忘其自身責任之之何是，跟隨前者之後，揚聲唱和，或則媚取高官厚祿，或則博得淺譽虛名。乍看表面繁華無害，實則以國士之既無恥，又無識，深蘊著普世不可估量的大危大難：例如一些沒頭沒腦地誇稱「自由主義」之縱情恣欲；鼓勵「現實主義」之奪權攘利；助長「經驗主義」「實用主義」之輕藐理性、追求享樂……尤其是新近明白採取「物實」背景，而深發畸思怪想，高擎不著邊際、不知所云，故示奇秘以與道德形上學對較，而召誘好事青年懵然追隨揣摩的「存有、此在」之「存有論」者，無不在於縱放「唯物主義」意識之火種，燃燎人性，叛離道德，而致整個世界於海嘯巨浪般之險境者，皆由循於是道——唯物論——而使然，不能藉辭他推也。

(三)方今世界人類受制於「唯物論」意識型態及其思維之現狀

凡人情志之既已執定無是無非，不分善惡之「唯物論」及「唯物史觀」，而形成一種堅韌的「意識形（型）態」，則又自必主觀地認為正確、正當，流露或表現其排他或抗拒的強勢：而所對及所置定為勢必除去的對象，便是他們素懷畏懼，而憑空杜撰的「唯心論」【心性論原屬超越存有的表述，本無所用於「唯」，但由他們之或憚其莊嚴威重，不利「唯物」之說而欲行攻擊，乃撰此相對之名號，以加於古今異行之他人或正學，亦實有其相應之意義】。

1.高挈「現代化」之虛幻圖景自縛而縛人

在這裡，他們實也明確感知其所指「唯心論」是主張人之必依德性以為人的，惟因與現實唯我恣縱物欲之快感相牴，所以得予無情無理，卻又捏情造理地進行批判和打壓，以致如今人間世界倫常錯亂，文化低鄙；奸宄肆虐，盜匪橫行；族類傾覆，國家破敗——種種災禍之頻傳而不可遏制也。當然，此時此際，要想判釋其悖道而非是，亦必須先知其所以流為「悖道非是」之外緣因素。原來當前世面上「繁華豐茂、利用厚生」效益顯著的大勢，本是人類生活世界所有、當有甚至必有的幸福之事：曾是先前許多才智超卓偉人之發明，與後繼學者勤奮追進，獲得的享用安適，誰能說其不應該！可也就在這個有似安樂窩式的場域中，大部分的人，若無理性方面的道德培養，將不免忘其本生自足的謙抑，恣意偏邊地挖掘其蘊藏的資源，消費它的果實，雖至窮潰腐蝕而不知悔；再加上中間尚多頗具知識異才，好禍履險之流，憑著巧狡奇思，推波助瀾，趁機高擎去舊崇新的「現代化」美麗名號或圖景，向之狂奔猛撲，終只成就得少數貪婪無厭者豪奢蓋面，污濁滿天；而多數安份守己之良民，則盡如為其墊底之土石，永遠不得出頭，於是淪為盜匪，恣其劫殺；化為流氓，逞其詐騙，血腥恐怖，遍地無寧。何來現代化可歌可喜之足言？

2.一以反古為快，無視古道之多有可為今世扶助者

如今，更有一種現象，即常見一輩學人，不很自覺為「唯物論」之踐行者，卻不免實為「唯物論」花畦之澆灌和培護的「志工」。其進路是基於如前已舉專門昭宣物質為本之現代風行的「自由主義」和「存有論」意念。你不能輕視他們的能耐：為研究而研究，作起論文來都像有憑有據，頭頭是道，但意識傾向之僅關淺層的「唯物論」者之思維，則是極為明確的【或許正因其一意追求成果豐碩，又如鑽穴隙地專找些反面證據，花巧地擬些奇詭新鮮的詞語，因而掩蓋了內在意識之傾斜，也說不定】。最顯然的例證，就是「立於今之世而反古之道」：其關於隱逸型的道、釋……各家流派，且不用說；即使是最為中國文化主導重心的儒家，除了孔、孟……等少數幾位開宗立教的聖賢本身，或有些許不相應的保留外，而由之開展衍申的經典文獻之義理旨趣，則幾無有真得肯許承認者。至於歷史上，尤其是中國歷史中的「帝皇專制」時段，一些士人不得已委身襄佐朝廷安邦治民之貞忠行事，則硬派為封建獨裁者之幫兇，而百般詆斥，翻覆詈之而不疲——甚且牽扯至當代新儒學理論之全盤否定。他們全無解於儒家自孔、孟創發「仁義內在」之教，申言：「一日克已復禮，天下歸仁」（《論語・顏淵篇》）；「不義而富且貴，於我如浮雲」（〈述而〉）；「隱居以求其志，行義以達其道」（〈季氏〉）。「人皆可以為堯舜（《孟子・告子下》）」「伊尹……非其義也、非其道也祿之以天下，弗顧也」（〈萬章上〉）；「民為貴，社稷次之，君為輕」（〈盡心下〉）……種種之肯斷，業已於「王治」「政統」之外，另建了「師傳」「道統」；明白言之，也就是「政、教分離」而可各行其是了。後世士人之從政，是真儒者，則必謹守這種分際以事君安民——合則留，不合則去。若不如此，則實是貪瀆賤吏，不得謂之儒矣。我們又何苦邪正不分，統加誣陷，以致歷史文化，族類精神全成污穢也。【上述政、教分離之大義，拙著《儒學義理通詮》之第肆章——〈中國歷史文化中政、教理念之並存與實踐〉文中有詳申。請參閱。】

3.勤於批舊反傳統，而不知趁勢自造於新之正途、將更滋世情之擾攘分歧

抑復有說者，我們現在已經進於「民主」時代，人民有選舉、罷免、創制、複奪之權，國家元首，須經全體國民票選而立；政府官吏，統由法律條定以行。基本上是不會再有如古代帝王獨霸獨裁之可能。你如不此之思，而仍惟昔時帝制惡政之齦齦然窮追詛咒不捨，豈不倒成了自己拘限或耽沉於傳統舊習之癖執恐懼的窠臼，而忘其作為一個現代人，積極促進現代化應貢其所能的責任？須知，我們今天的問題：既不在一、二人之憑武勇霸佔上位，或家族血緣方便傳承大統之足畏；也不在現代化事業或物欲風尚，受阻停擺之可憂。而惟一群人不時冒起偽善的意識型態之主張結黨組團，以威逼利誘手段，欺惑民眾投票認同，而得當權執政，禍害天下之亟應預為防杜也。其間之最最重要而具關鍵性的措施，則在激發個人的良

知理性；提振社會的道德正義，使大眾不致受愚而成野心份子操弄的民粹。這是既可以規執政施為，又可以肇國家安和的絕對有效之長策。當代新儒家大師及後學，於此則用心極深，自民初至今數十年來，他們嘔心瀝血地寫出許多揚舉歷史文化，警世箴俗的書冊，可以謂之已盡切摯諷喻的精誠——牟先生且為心、物異位，德、智分行之間隔，創闢了「良知坎陷以從物」之成功合理的貫串；又為東、西哲學之滙通互補，晚年更以一人之力，翻譯並析述了康德三大《批判哲學》之全部。可是我們社會的一般學者和知識青年，偏多不從整個正面肯認他們的價值，信徵以成實踐，明教化。卻反常斷章取義，誤解重重；或則視若無覩，置若罔聞。揆其總因，則莫非一個「唯物論」之「意識型態」梗塞胸中（無論自覺不自覺）所致然。夫一已之杜明塞聰，害惟一已；而若逞其智才，通過思想論理以宣講傳播；推向政經軍警之控馭威脅，則影響之深遠，將如撒烏烟毒霧於廣漠無垠之天野，不可以為任何車、船、機、艦之行矣。是今日世界隱憂而隨時可能臨菹崩解的險境，人多猶不知早為收拾之計。吾為此懼，自慊不能如高明作家之得藉平語明敘其曲折，爰假一段不很成熟的仿古文言以為表白，並示戒慎！

盱衡當今之世，人與人間疏離：欺壓、仇恨、殺戮，殆成流風。

小而毀己殘他，至於父子兄弟夫婦不免；大而伐國滅族，幾於獅熊虎豹豺狼橫行。造勢全仗機變，猶詡巧思過人；行止惟務奸貪，亢說好官惟我。財聚於豪酋；民散為流氓。指鹿為馬，以黑為白；泯是飾非，縱欲逞快。為備戰爭，國庫耗竭非所計；但求勝利，信譽絕滅不稍惜。明係違理悖德之事，提議略無愧色；顯屬肥己偏私之策，施展竟爾公然。總之是：「上無道揆；下無法守。朝不信道；工不信度。君子犯義；小人犯刑」（略引《孟子．離婁篇》語）。以致社會則廉恥盡喪；政府則賄賂公行。世風腐潰，聖學蒙塵；天下昏暗，人間災殃，未有甚於此時者。嗚呼！

非敢淺陋自炫，固衷懷實見之不得已於伸抒也。

七、餘言——簡答三點疑問

本文自始發至終篇，壹是依人生存在必然需以德慧術智為主之觀念，推徵「唯物主義意識流」生於其心之甚害。如此論旨，自然難免若干理則以及語意上之照應未周，因而引致好學朋友種種之疑問。我在這裡應就可能的三事，略為解明：

首先是：主題係以「唯心」與「唯物」為《人生哲學之二門》同開，而文本申言之量，則在多闢「唯物」而少釋「唯心」。此蓋因愚見以為「人之為生」，原是個正道正行的存在，其素常所思所為，自在禮義規範之中。本文立意，既在依心、物二者各是其是之存有形式——即心生物而位序在上，物生於心而位序在下——借以抉別「物實、物域」內蘊之有不有或能不能作是非、誠偽、善惡、可否之判準為目的，則「心德」本義，只須作前提式之點明即足；不用與「物論」為效驗對較之詳陳，反致心義之超越性於不顯而泯沒。當然，若專主德義為本之心性為論說時，則自必有更深豐盈而盛於物域之闡發，此則古聖賢經傳及今新儒家大師、後學皆嘗諄諄詳言之，足供好知用思學者之採擇勉行也。

其次是：或亦可能有以本人為偏邊的「崇重心體」而「輕藐物用」者，此則屬大誤解。其實，本文第四、五、六之各節中，固有屢自不同角度，對於心、物各當其義之申言，如多所表示「物無心不生；心無物則不明」之體用互成的原理，因而肯認：心之能以包容物而主之；物則只是不礙心之包容，而不能有生心出理之大節。尤在第六節㈡之1.的小段中，特就「物論」與「唯物論」之「可、不可」的簡別中，明確表述了物域、物實之必有其用，惟不宜以尊尚式的「唯」加諸其上，而成孤意專斷、控管之意識型態，至於淹滅一切之人文價值而已耳。

最後一大項：是關於「道德理性」如何得能實現或實踐，而果利益人生宇宙、和樂安善的問題。此乃一切具有主客觀認知或理念者（無論其是否出於真心或偽托）一定要提出的質疑。實在講，時在今日，並無能夠一針見血的現成完整的方案，可以用來作圓滿解答或對應的。因為此際的天下（世界），正在一種「萬事莫如物利情愛好」的言思和學風吹拂下，有如迷醉昏沈，而且已成結構性僵錮，日趨腐朽潰決的局面，根本沒有你好好先生加入改進振興的餘地。舉其大者言之，比如：國家一切政經軍教的組體；社會一切生事營運的行業。乃至學校知識藝能之傳習；公眾輿論新聞之傳播，總之，整個力動或生活的場域，無處不是瀰漫著低鄙惡劣，權謀詭詐之兇狠勢利的污染侵漬，你縱然抱定高潔神聖的使命投身其間，也難有揮洒玉成的機會，往往不是垂頭喪氣而返，則必失足而成千古無回之大恨！

然則客觀之情勢既已如此，反觀我人之主體自身，豈不正也混跡其間？又何能不隨波逐流，而猶在此集會研討救挽之方？檢視到這裡，直似進入了無可奈何的斷潢絕港之境！然亦不必悲觀，我們正可因此逼出一條別見光明的生路：那就是服膺牟先生明白開示的那句名言——「人雖有限而可無限」。這必須從理上去省思，乃可見為絕對真實自在的。分析言之：如適所說人在斷潢絕港的無可奈何中，豈不即是「有限」？可是你不能，也必然不願意就死在這裡，必然要想出辦法來脫困；那麼即此一轉念或轉身的剎那，後半句的「可以無限」之意理或情境，便豁然朗現出來了。具體的做法，就是你不能儘自面對外邊，觀望那「物實的場域」，等待它的變化、或者強自出頭、以你的一套成見異想去解決問題；只有回頭轉向自己，收拾一切的雜念，全心鎮定地堅持一個如儒聖所言「克己復禮」，「反身而誠、樂莫大焉」的存有；或如佛家所云「諸惡莫作，眾善奉行」的志念，方可濟事的，此本是任何人當下可作，而且能夠立即見效的事情。然而，許多人又或偏要從外在環境改進的難度去想，而以為太消極，沒有用。殊不知其間實蘊有似若「無用之用」之大用，呈顯了人「可以無限」之妙境，正如擋路巨石之既經移除，前途便自然光明坦蕩，任所欲之【特請叮嚀一語，千萬不要從現前實際的物實場域，如一般流行的「存有論」者見得有什麼，即肯定是什麼，並大誇許而投誠降服之態度去想】。是乃任何個體人，皆可直覺感受實有所得，內外合體的超越精神之存有，何樂而不為？

抑有大效者：「個體人」即「天下人」累聚之一分。一分之我可為，則天下多分之你、他……自不能說不可為。故《大學》言「治國、平天下」，必自個體人之「誠意、正心、修身、齊家」伊始。試請想想：凡今在座諸位（包括你我）究竟有無當前世風頹敗，人道日非，行見人將不人，甚至喪滅絕跡的危機之感？設若間有不為道德理性之是非判準，逕如存有論家所造「存有、此在」之模糊空域和印象，故自扭曲或強說「無之」者，則顯屬意在跳脫我們此時議題所定之要旨，表示不欲委屈的迴避閃爍情態；而且事實上，亦實背離了存有論學者素所強調的「在世存有」之本懷。然則反過來，若肯端慤地坦承「有其共感」，則可即當下之己身推擴而思得：任何一人果能以「誠」立身，表率家族，示範鄰、里、鄉、城之一一個體人必皆相互敬慕法效而為善去惡，崇正祛邪一如此一而十、十而百、而千、而萬……若登極峰之振臂高呼而眾山響應，又何愁國家，天下之不臻乎治平，社會群情不軌於善道？所以人果真心欲有所為於今世者，則必先有「求之在己」的決心，然後能「推以及人」而致功。當然，這是不可以倉卒欲速之急情，期待其一蹴而幾的；包括「物實」與「精神」之雙重建設，或許將承續延展至於數十百年，方能見其成效者。然若視如書生空談而不此之圖，儘惟千奇百怪之潮流是追、敷傷止痛之近利是務，則如前之所明辨，在於當下此階段大家醉心「現代化」的情狀下，足證其絕不能有為矣。何況從事於彼諸般行動者，正多自罹於「唯物主義」之「意識型態」而莫拔，欲其不如以油滅火，愈澆愈烈之大殃，萬萬不可得也。本文結論如是，至盼好學同道深思之！

參、儒學關於歷史與當今勢運之開濟

提要

作者鑑於自古至今凡一時代理勢氣運（簡稱「勢運」）之盛衰，皆由儒學隆替，儒者行藏之為轉捩，而有本文主題之擬議與論述。進行程序：先則藉〈引言〉一目具陳當前中外勢運傾頹朽腐之實情；繼即條敘中國自先秦、宋、明以至民初儒家諸大師言行著作，對各個當代貢其裁成輔相之開濟（開者，開顯豁朗；濟者，濟其所不足）。然後尋究其間反覆起落之根源，端在人類生道之或本於道德精神，或扭於現實欲求使然。這也就是一般哲學思想所稱「唯心」「唯物」孰輕、孰重之理論所寄。就當代世情或現象之紛亂而觀，個人以為顯然是緣於物化意識之太過泛濫，有似海嘯吞噬平陸之莫救！蓋因沉溺或錮蔽此道者，必然以物實利得為最高最尊之原則，而認道德精神或理性之修習保固，為有礙生理生活之縱放，而視如天敵，時多詆誹澌滅；卻不知該等意識流之橫決，自然將致攘利奪權之大謬如：孟子所謂之「生於其心，害於其政，發於其政，害於其事」（〈公孫丑篇上〉）之惡果也。此本文第五、六兩節所特為鄭重申言者，尚望讀者注意及之。

一、引言

《孟子》舉齊人有言：「雖有智慧，不如乘勢；雖有鎡基，不如待時」（〈公孫丑上〉）。當今之世，正面臨著如《易傳》所謂「天地閉，賢人隱」（〈坤文言〉）；「天地不交而萬物不通，上下不交而天下无邦」（〈否卦彖傳〉）的最黑暗時代。卻也是個「天地變化草木蕃」（〈坤文言〉）：「復其見天地之心」（〈復卦彖傳〉）；「中正而應，君子正也，唯君子能通天下之志」（〈同人彖〉）的大有可為的際會。我引這類古典文獻作觀念的推述、論證，恐怕是不合現代人胃口，甚至要招來笑話的。但確實在當前的世界，尤其是中國，業已透露著這樣深重的危機和轉機，而亟需如孟子所云「智慧」君子，「鎡基」利器之待時乘勢，合力同心以為拯挽也。於是，我們且先看看現前普遍社會種種非理性、反理性之物事與行跡，有若烏煙瘴氣之氤氳瀰漫，教人無所逃其侵害！揆其實情，可姑為概表如下：

> 人與人間疏離：欺壓、詐騙、仇恨、殺戮、殆成流風。小而毀己殘他，至於父子兄弟夫婦不免；大而伐國滅族，幾於虎豹豺狼狐鼠橫行。造勢全仗機變，猶詡巧思過人；行止惟務奸貪，兀說好官惟我。財聚於豪家；民散為流氓。指鹿為馬，以黑為白；泯是飾非，縱欲逞快。為打戰爭，國庫耗竭，非所計慮；但求勝利，信譽喪滅，不用顧恤。上無道揆；下無法守。以致社會是廉恥盡喪；政府則官吏同污。天下腐朽潰渙，未有過於此時者。

諸如此類之惡跡，不過略數其大端，細行固不勝枚舉。現在，我們必須審問，究是什麼因緣所召至？泛泛說來，大家都知在涉惡蹈險人之失其本性所致；但復深入思考人之失性，並非其原生之自爾如此，實乃因卑劣之社會風習導引而為不知不覺之隨順使然。如是，則根本的克治之道，要須正氣凜然之有力人士同心一德，從思想文化方面，教養培護其所固有的良知理性，使皆自感為善去惡，乃其生命存活的價值所在，始可濟事。當然，這也是個盡人皆知的問題，且多實有諄諄言之，殫智竭慮以赴者。然而效應方面反似治絲益棼，以致百年來之政局、民風、紛爭擾攘，動盪激烈，而每下愈況，是又何故？坦直地說，則全由當家主事者，並無真識了知正向，率爾操作，昧於大體；甚者，且邪辟為心，誣妄是執，藉改造改革之虛名，行縱欲逞快之私見。此在近現代之中國，則可循三個顯著的線索來加以說明：

首先是，民初五四的新文化運動，以打倒孔教，摧毀傳統作為倡行民主、科學的墊腳石，高呼「德先生」與「賽先生」的空頭口號，演出「廢止讀經」、「線裝書丟進毛廁去」的荒謬行動，使國人但知趨新騖奇、棄故失根，影響下來，則心靈一片空虛，漸而結為物化的意識形態，便帶至不可收拾的下情。

第二，臺灣五、六十年代，一般青年挈舉自由口號，夢想全盤西化，浸至反共、反權威而終反國家之認同。如今此類人物得勢，竟憑詐騙手段攫奪了政權，便利用在位的勢力，公然進行乖戾悖逆的統治。

第三是，不諱現形惡狀，公然蔑棄正義；徹底變造歷史，污蔑前賢；混淆黑白，顛倒是非，而如前舉世界性之禍害、及大陸文化大革命的災難，已經或行將重見於臺灣，而且過之無不及矣。

上來單就中國演繹而見的三個線索之辨析，其與當今世界紛馳擾攘之大勢，雖曰強弱緩急與過程形式不必一律，而本質之在於太過偏傾物欲是求，輕忽甚至忘懷人之所以為人的精神要素，則並無異致，只是中國退墮的情實，特別顯得激烈倉促而已。如今，我人在久經顛沛後之反覆深思，既知惡水源頭，惟是作為人類根基之道德精神、良知理性斲喪殆盡故然，則救之之道，亦惟道德精神、良知理性之恢復培育，最為先務與正途；而衡諸世態之宜，亦惟中國儒聖創發的「仁、義、禮、智」之道，最足當其大任，此本文所以特挈〈儒學關於歷史與當今勢運之開濟〉為論也。下面即請就先秦、宋明與當今儒學本質及其成己成物理念之堪以匡正人心，扭轉世情之實效實績而敘說之。

二、先秦儒學原義——以《論語、孟子、易傳、中庸、大學》五書爲論本

儒學源流自孔子本夏、商、周道創發「仁教」伊始，至今已歷兩千五百有餘年，其在於中國之歷史文化中，始終居於正統或正宗的崇高尊榮地位，主要動力則是夫子生平一惟「克己復禮，修己安人」，又「學不厭，教不倦」、「無終食之間違仁」的最高、最具體之理想原則踐行無間所成就。詳確言之，雖曰現實形著之跡象，未達克服「堯舜其猶病諸」的十全十美之大業，而化導我華夏族群精神志意之深信無疑、堅執不捨地向是而趨，則是大可觀取而不容否認的。揆其通體的教旨，先是見於《易、詩、書、禮、樂、春秋》六藝義理之經分

綸合，漢、唐以下，又復衍增為九經、十三經，由通國士子學人，沿循誦習宣倡，蔚成社會文明優善、官設治統相對穩定之豐績。迨及宋、明，復據以深探，創為「天人同體」之理學，並採擇其間顯密雙彰之卷帙篇章——論、孟、學、庸編為《四書》（只惜未能納入《易傳》為五書）遍行於世，從而家戶課讀，肇啟數百年儒家學術流風之大盛。吾人今既稱主儒學足資開濟當代人文否塞的勢運，則自應回歸《四書》並包舉《易傳》內涵堪承其任之介述，言思的進行，即依「心仁」、「性善」、「乾坤互成」與「內聖」、「外王」五德之展露以說。

(一)《論語》首揭「心仁」之教：孔子叢集上古聖王德教，開啟萬世儒學偉業，最為儒家宗師，生平言行，具見於《論語》一書。通是以仁為宇宙人生環中之論述。書共四百九十餘章，無不可說基於仁德本位之暢發；而專主仁理實體動能言者二十有八章，則直就「存諸心」與「見諸行」之充擴表意：前者如「仁遠乎哉？我欲仁，斯仁至矣」；「唯仁者，能好人，能惡人」；「苟志於仁矣，無惡也」（均見〈里仁篇〉），皆為見得人之內具仁理仁德說，故謂顏淵之久於持守，則逕稱「其心三月不違仁」（〈雍也〉）。後者如答顏淵問仁則曰：「一日克己復禮，天下歸仁焉」（〈顏淵〉）；答仲弓則曰「己所不欲，勿施於人，在邦無怨，在家無怨」（同上）；語子貢則曰「夫仁者，己欲立而立人，己欲達而達人，能近取譬，可謂仁之方也已」（〈雍也〉）。由上諸端，可知聖人一生依「仁心」以「持己正物」之通體見道，因得首出群倫而為萬世之師表。所以弟子子貢再三極贊之曰：「夫子之牆數仞，不得其門而入，不見宗廟之美，百官之富……。」「他人之賢者，丘陵也，猶可踰也；仲尼日月也，無得而踰焉。」「夫子之不可及也，猶天之不可階升也。夫子之得邦家者，所謂立之斯立，道之斯行，綏之斯來，動之斯和，其生也榮，其死也哀，如之何其可及也」（均見〈子張篇〉）。揆其所言，足證孔子內在修為與外顯功化之無以復加，無入而不自得矣，何懼其不得行於當今之世也？

(二)《孟子》續主「性善」之論：孟子後孔子生約百年，自謂「乃所願則學孔子也」（〈公孫丑上〉）。當戰國中晚之期，諸子百家爭鳴，獨尊孔子為「自生民以來未有」的「聖之時者」。他繼孔子之後的重大創進是「性善論」：切就通人日常自然流露的「惻隱、羞惡、辭讓、是非」之情實，斷為「仁、義、禮、智」之「四端」（〈告子上〉）；申言「君子所性，仁義禮智根於心。其生色也，睟然見於面，盎於背，施於四體，四體不言而喻」（〈盡心上〉）；並且推高存在之意義而曰「盡其心者，知其性也；知其性，則知天矣。存其心，養其性，所以事天也」（同上）。此乃為人之所以為人之價值，奠立了本源性理論的基石。至於由而表現於對應社會現實之措意，則復有明顯而堅執的兩大議題，尤其當得求為富貴人者之典則。一是屈利申義之論辨：〈梁惠王上〉載答惠王之問「何以利吾國？」曰：「王何必曰利？亦有仁義而已矣！」然後就其將以引致全國「上下交征利而國危矣……」之斷，並舉「未有仁而遺其親……義而後其君」之比較作鼓勵。又〈告子下〉遇宋牼欲以利說秦楚罷兵，則直指其「名號不可」，謂將以致彼「君臣、父子、兄弟全體「去仁義懷利相接」而亡國；反之，若說之以仁義，則必「去利懷仁義」而興（王）國。二是君輕民貴之主張：〈盡心下〉言「民為貴，社稷次之，君為輕，是故得乎丘民為天子，得乎天子為諸侯，得乎諸侯為大夫」。又〈萬章下〉答齊宣王問卿？曰「君有大過則諫，反覆之而不聽，則易位」。在於戰國諸侯爭城爭地以戰，殺人盈城盈野之霸術恣縱，君權威盛的時代，孟子獨為如上二者之論辯與主張，實為摧破邪惡，拯濟陷溺之良方善策，雖當「天之未欲平治天下」，不得勢運之便親行其志，而其昭示並影響後世人間之正義與正氣，則凜然莫敢不予崇隆也。

㈢《易傳》倚乾健坤順、透顯剛柔相濟之天德、化成人文：夫易之為書，本儒學發微鈎玄之要典，宜列《論、孟、學、庸》四書之中為《五書》。或以卦爻之解義難定，所以宋儒未及採入，卻也應擷〈彖、象、文言、繫辭〉充之，方見聖人之天地氣象與高誼。〈乾卦・彖〉曰：「大哉乾元，萬物資始，乃統天。」〈象〉曰「天行健，君子以自強不息。」〈坤象〉曰：「至哉坤元，萬物資生，乃順承天。」〈象〉曰：「地勢坤，君子以厚德載物。」是乾、坤二卦統總天覆地載及剛柔互成之「各正性命，保合太和」，「含弘光大，品物咸寧」之盛德美行。於是成〈乾文言〉所謂之「大人者，與天地合其德，與日月合其明，與四時合其序，與鬼神合其吉凶，先天而天弗違，後天而奉天時……」〈坤文言〉所謂「直其正也，方其義也。君子敬以直內，義以方外，敬義立而德不孤……」。然後歸於繫辭上、下之總釋而曰：「天尊地卑，乾坤定矣；卑高以陳，貴賤位矣；動靜有常，剛柔斷矣；方以類聚，物以群分，吉凶生矣；在天成象，在地成形，變化見矣……」（〈上繫〉）「天地之道，貞觀者也；日月之道，貞明者也；天下之動，貞夫一者也……天地之大德曰生，聖人之大寶曰位；何以守位曰仁，何以聚人曰財；理財正辭，禁民為非義」（〈下繫〉）如是，則天道、地德與人事統賅而昭示明白矣。

㈣《中庸》極「內聖」之深功：《中庸》一書，宜為子思、孟子後學所作，蓋本《論語》《孟子》「心仁」「性善」之義，作了更深切的內在而超越之形而上學的論述。所以首章經開宗明義即：著在「天命之謂性，率性之謂道，修道之謂教」上立意；並且引而申之曰：「道也者，不可須臾離也，可離非道也。是故君子戒慎乎其所不睹，恐懼乎其所不聞。莫見乎隱，莫顯乎微，故君子慎其獨也。喜怒哀樂之未發，謂之中；發而皆中節，謂之和。

中也者，天下之大本也；和也者，天下之達道也。致中和，天地位焉，萬物育焉。」其下之傳文十章，則均舉孔子之言為論證。而第二十章中所云「在下位不獲乎上，民不可得而治矣；獲乎上有道：不信乎朋友，不獲乎上矣；信乎朋友有道，不順乎親，不信乎朋友矣；順乎親有道，反諸身不誠，不順乎親矣；誠身有道，不明乎善，不誠其身矣。誠者，天之道也；誠之者，人之道也。誠者不勉而中，不思而得，從容中道，聖人也。誠之者，擇善而固執之者也。」實與《孟子·離婁上》之十二章語義全同，可見作者之為思，孟嫡傳或再傳弟子應毋庸疑。此下共十三章，即專就「誠」為形上實體之觀念，作來回往復之推徵，先則總稱曰：「自誠明，謂之性；自明誠，謂之教。誠則明矣，明則誠矣。」然後以「至誠」「至聖」為極則，而彰「天道」「人道」之妙運，成「無不持載，無不覆幬」護育萬物之神功；透顯一「廣大而精微，高明又中庸」的「肫肫其仁，淵淵其淵，浩浩其天」的純粹美善真實之化境。凡我欲有所「成己成物」之君子，固不可不於此深體而力為也。

(五)《大學》張「外王」之巨業：《大學》文本，乃「內聖學」延展開出「外王」成他事業之陳明。首章「大學之道，在明明德，在親民，在止於至善」三句，是為三綱領（依朱熹《章句解析》）；接著申言的主題或最後目的，則要在「明明德於天下」；由而反思到原初動發之機，便揭出一個理序上的「先治其國，先齊其家，先修其身，先正其身，先誠其意，先致其知」，而最頂端則聚焦於「致知在格物」。先儒對此的解讀，大都著在「正心、誠意」處用心，視之為個體人格作育完成之重點所在，把「致知、格物」之事實的概念，提高而為心性先天本然的內容和地位，因而對於大學作者原欲造達治國天平下之「外王」的大業看輕，甚至失落了。其實，依照以下傳文分條的申釋，終極標的，明只在逐步擴展至「天下平」之「外王」的最高理想；所謂「正心、誠意」，惟是反溯或序列其所以能為外王之本根之有在於是，亦即使外王不致流為強梁霸術之規範而已。試請詳審其在「正心、誠意、致知」之上，忽著一語式迥異的「致知在格物」的總結，便顯然可見作為該系統始發之正點，唯是藉認知的性能對外在世界物事之知之與處之。朱子原是把握了這個意思，其在〈格物補傳〉中所說「欲致吾之知，在即物而窮其理。」本屬正確無誤。蓋凡欲實求聖德之通化於外王，自必有賴於知性之吸納天下一切事理物情以為條件者。可是朱翁自己並未弄清楚「正心誠意」與「致知格物」間之內外的分限而常混為一談，所以招致後儒之諸多疑慮與異議也（此中義理、牟師宗三先生於《心體與性體》第三部分論二之第二章中有詳析。拙作《儒學探源》第一編之三章各節，亦嘗因之而就前賢所見作過比較的論述。請參閱）。上義既明，所餘其他各節的釋傳，意理自明，不待本文贅言矣。

三、宋、明反佛歸儒之推闡與重光

宋承五代殘破之局，初期之社會文明，全若晦暗無光。幸賴少數幾位志高識遠之學者如胡瑗、孫復、石介（史稱宋初三先生）者，發潛隱之幽德，以師道明正學，風氣為之乍開，肇啟理學大家——濂溪、橫渠、明道、伊川、晦菴、象山及五峰、南軒諸子；延至明代陽明之良知教，蕺山之誠意學，俱各越過漢、唐依訓詁傳經的僵固之習，直秉先秦儒業本統所存《論、孟、易、庸》及《大學》之義理推伸引徵、講學著論，便開數世紀近千年天人一體，雅俗同風之道學於不墜。可見時勢之移轉，文化之振興，總在若干先知先覺者之堅毅創發，而必將蔚為大觀。當然，程態上亦俱各各有其獨造之思路與線索。舉其大而要者言之：

㈠濂溪，秉《中庸》《易傳》而著《通書》與《太極圖、說》。前者盛發「至誠」之義，謂「誠者，聖人之本，『大哉乾元，萬物資始』，誠之元也；『乾道變化，各正性命』，誠斯立焉，純粹至善者也。」後者據「太極」而曰「無極而太極，太極動而生陽，動極而靜，靜而生陰。靜極復動。一動一靜，互為其根，兩儀立焉……二氣交感，化生萬物……惟人也得其秀而最靈。形既生矣，神發智矣，五性感動而善惡分，萬事出矣……。」是上承先秦儒家「形上學」，下開宋明「理學」之先河者。

(二)橫渠著《西銘》與《正蒙》：一曰「乾稱父，坤稱母，予茲藐焉，乃混然中處。故天地之塞，吾其體；天地之帥，吾其性。民吾同胞；物吾與也……。」一曰「太虛無形，氣之本體。其聚其散，變化之客形爾。至靜無感，性之淵源；有識有知，物交之客感爾。客感客形，無感無形，惟盡性者一之。」是本於孟子「殀壽不貳，修身以俟之，所以立命也」，「莫非命也，順受其正」，「萬物皆備於我」諸義之具體發明也。

(三)明道學思言談，多見於《遺書》記存之〈語錄〉，主要精神，則在盛張「一本」之見。嘗言「天人本無二，不必言合」，「若不一本，則安得先天而天弗違，後天而奉天時」？由是而歸於「形上的道德實體」言，則有〈識仁篇〉之作：「學者須先識仁，仁者渾然與物同體，義禮智信皆仁也……此道與物無對，大不足以明之。孟子言『萬物皆備於我』須『反身而誠』，乃為大樂」。還於心性主體之印證，則又著《定性書》推稱：「天地之常，以其心普萬物而無心；聖人之常，以其情順萬物而無情。故君子之學，莫如廓然而大公，物來而順應」。是總孔子「一日克己復禮，天下歸仁焉」，「我欲仁，斯仁至矣」；孟子「仁義禮智根於心」，「盡心知性知天」之充量的發揮。

其下諸家，依牟先生之考察，則有思言上之分異而檢別為三系。

1.伊川與朱子：伊川對於濂溪、橫渠、明道所言太極、太虛、一本等「於穆不已」之理，只理解為「存有而不活動」之「但理」而只說得「性即理」。使理之在人，只成個懸隔外在的關係。於先秦儒典，則由《中庸》《易傳》之「致中和」「保太和」，遽轉為《大學》知性為主的「致知、格物」說。此一思路，最為朱子所信服，終身堅執不渝，藉以強烈反對陸象山的「心即理」，評駁胡五峰之「以心著性」及與張南軒反覆論定《中和說》，非難「縱貫縱講」的察識體證；而成其橫列的「靜涵靜攝」之系統。

2.五峰與蕺山：胡五峰著《知言》一書，義皆本於濂溪之言「天道」，橫渠之言「盡心成性」，明道之言「識仁、定性」；牟先生則稱之曰「心性對揚：以心著性，盡心以成性，而終歸於心性是一」。劉蕺山遠紹五峰之學而言慎獨存誠，是因感於王學末流之弊而特重工夫內斂，使良知之顯教，歸於誠意之密教。

3.象山與陽明：陸象山嘗自謂「因讀孟子而自得之於心，故直發其義而主「心即理」。在孟子，基本理論是「性善」，而論說則全從心上立義，可見心與性，名異而實同。象山之「心即理」，自亦包性而言，要在對顯伊川、朱子系只許言「性即理」而視心為「氣之靈」，無與於超越理體之失當而定義。他確實見得宇宙人生之通一不二，故曰「宇宙內事即己分內事，己分內事即宇宙內事。」「萬物森然於方寸之間，滿心而發，充塞宇宙，無非斯理。」又謂「東、西、南、北海有聖人出焉，此心同，此理同。」此番思言，在宋、元、明程、朱學當令之期，未見顯揚，及至王陽明，便如火花之爆發而有「致良知教」之開發與盛行，其要言多存於《傳習錄》，如曰「良知只是一個天理自然明覺處」，「良知只是個是非之心，是非只是個好惡；只好惡就盡了是非，只是非就盡了萬事萬變。」由是而主「知行一體」之說而曰「知之真切篤實處即是行，行之明覺精察處即是知。」

總之，由宋至元明五、六百年間，師儒輩出（本文只略舉其大），俱各有其應時箴弊，據理創新之嘉言實錄，而基本精神則莫非孔孟「仁義」為宗的「道體」之既內在又超越之直下傳承與發揚也。

四、民初新儒學者之潛德幽化與返本開新

滿清三百年以部族之狹心行統治，中華道統思想、文化精神為之斲喪殆盡；晚期更召外侮之侵奪凌虐，以致國勢顛危、民生困窮。民國承之，既遠超乎宋、明之受限於遼金與胡元；尤甚者，則是隨堅船利礮夾帶而來的唯物功利主義的思想、名號，仗著民主、科學質實的建國長策與製器巧技，誘引一般躁進青年之追隨而急求西化，至於徹底反對德教，打倒傳統，學校廢止讀經，社會滋蔓邪風，由而政局擾攘，國脈文運日趨破敗，大有無法收拾之

狀。然亦稍見徵兆，頗似大易所示「剝、復」之幾者，尚有一輩耆宿老儒，隱處林野，如潛龍之在淵，行將見躍而在田，飛而在天之高致，其中最為特出獨立者則為：

黃岡熊十力先生：先生出身寒微，志尚高遠，鑑於清政之腐敗，先嘗從事革命；凜於學風之乖異，轉而探研哲理。遍讀經史，獨尊儒聖。名著初有《新唯識論》《讀經示要》，不反佛而正崇儒術；繼有《乾坤衍》《體用論》《明心篇》等巨論之撰作，所以張宇宙本源，天人交與之大義。至於《原儒》一書，專主孔子大同理想為說，乃順時應世，企於立基「內聖」，達至「外王」的完美之地。而《十力語要初・續》各集，則見其諄諄然開示後進，引領弟子之教學不倦的精神，故所成就者極多，而最為卓絕且復光大其學思領域者，則當推唐君毅、牟宗三、徐復觀三先生，三位俱避難而竄居海外。

唐君毅先生留居香港與錢穆先生共創「新亞書院」，後且獨撐「新亞研究所」，一面直接督教講堂，一面不停寫作，抒發人文理想，著有《人生之體驗（及）續篇》《中國文化之精神價值》《人文精神之重建》《中國人文精神之發展》……等甦醒國人之文化意識；依序列論述中國傳統道德為重的學術，而有《原道》《原性》《原教》及《生命存在與心靈境界》等巨著問世，十足啟示並實質提振了社會大眾之道德的觀念與學養。

牟宗三先生往復臺、港兩地講學，影響極為深廣。始發點在關懷世道人心，重開政教文制之理念，而有《生命的學問》《道德的理想主義》《歷史哲學》《政道與治道》諸書之寫作；進一步則對中國哲學傳統之儒、道、佛思想進行解析與推述，而有《才性與玄理》《心體與性體》《佛性與般若》與《中國哲學十九講》等巨編幅之構撰；再進而思為中、西哲學之溝通與融會，則有《認識心之批判》《智的直覺與中國哲學》《現象與物自身》及《中西哲學之會通十四講》終而結聚於《圓善論》之完成；並且老而彌篤地繹述了《康德的道德哲學》與《三大批判》。餘如數十年對社會學界所作專題論述之《演講錄》，內容充盈豐沛、出語如經，普遍啟示並振奮青年學子者，更是不可勝言。

徐復觀先生以軍界出身，服膺熊師的學品人格，追蹤發揮其「外王」之理想，除遵儒學正統，寫定《中國人性論史》《兩漢思想史論》及《中國藝術史》等名著外，並且以堅強有恆之毅力與同時代許多學異思歧人士進行論辯，不稍假借而有《學術與政治之間甲、乙編》與《徐復觀文集》等之行世，為最能風動社會，導正人心之巨擘。

平情言之，三先生亦如宋初開風氣之先的胡瑗、孫復、石介，卻更有共同一致之準則，即皆能本於熊先生內聖外王，天人一體之大旨，各自奔前創發，並於一九五八年元月聯合張君勱先生發表《為中華文化敬告世界人士宣言》於《再生》與《民主評論》二雜誌。由而傳呼國人，振拔青年，蔚為光顯寰宇的一個統宗會元，百慮同途的學團，此便是現在人皆通曉的「新儒家」與「新儒學」，它在國運阽危，時勢迍邅之際，保得一線道脈之不墜於海外，今且已然回光返照我大中華而將重播聲名於世界矣。

五、儒學之在於當代的作用與意義

以上歷敘了先秦、宋、明至民初以來儒學諸家聖哲或宗師所思與所存典要之內涵與正義，意皆在於透顯彼俱緣於並克治各個當世勢運之大用與貢獻，自不應謂獨不適或無益於吾人現今時勢沉痾之振拔，這是大家首須建立的主體信念和信心；而甄治之前提，則在確實認知當前勢運之癥結何在？此中有個樞紐或總持的觀念，不得不先明白為之交代，是即世界的存有，畢竟是人為中心的：人可下意識地盲目蹈身於「亂」；卻也能意識清明覺醒，體認得真我之有在於「善」的自足（善，如孟子「性善」，大舜「善與人同」之善），並且順展而至於世界風同俗美之「治」。問題在任何安危臨屆之當際，肯或願否省思勒馬轉向而已！蓋如本文前列〈引言〉所陳說，方今世道，確已到達腐敗崩頹之極端，人們若是繼續懵懂前衝，則將致全體於陸沉殞滅之境地無疑。固然現在全球各地，猶有若干先知大德，披髮纓冠而往救之者，例如：號召同德同心，組合社會團隊，或事集會研討，發表宣言指正；或竟摩頂放踵，不憚奔走救援，乃至祈天禱神，依托保佑，施恩布惠，賑濟艱困。皆可謂為留得天地正氣，人間正義之生機未息。然就整個大勢看去，怎奈多是言者諄諄，聽者藐藐，況其尚有故為詐欺，冒據要津，恣其嗜欲，逞其兇威，挾持而揮之使然者，則如一夫散毒，百醫思救亦無能以挽之！於是，我們直感當今勢運泄沓之癥結，全在一種纏繞人心最深而頑梗的魔化力道之厲虐而誕，是即辨識到：

㈠僭號「哲學思想」而實只光禿禿的一個「物質至上」之橫決氾濫

對於這個問題，我以為須循宇宙、人生合一，亦即先賢先儒所再三申言「天人同體」或「物我無間」之背景或基底來作思考始可見得的。具體言之，也就是確切認得人生與宇宙原本不相違異之情實，方能為完整無虧之圓極的徹悟。進行的關鍵，要在人心透識宇宙為時空無限的概念——比如時到何代為止？空到何處為界？其行曆之久，量度之大，雖俱無或能為定指，可是當下我之心思智量，正可隨其久之所已達而同其久，隨其大之所既顯而齊其大，二者根本是相即而不離的，所以從來儒者都識得為全體同實而無疑。不止如是，而且：人可攬天地之德能成己身之德能，如楊雄所謂之「觀夫天地，則見聖人」；推己身之存有，象天地之存有，如伊川所云「觀夫聖人，則見天地」者。又如：橫渠的「天地之塞，吾其體；天地之帥，吾其性」；明道的「仁者渾然與物同體」；象山的「萬物森然於方寸之間」；陽明的「大人者，與天地萬物為一體」（均見前錄），實皆屬於回證孔子「予欲無言……天何言哉？四時行焉，百物生焉。」（《論語．陽貨》）。孟子「萬物皆備於我矣，反身而誠，樂莫大焉」（〈盡心上〉）之天人相繫，物我情牽，以道德統貫（簡稱「道統」）文化之大業者；歸納而言之，即無非總歸於「心仁」「性善」與奉為至理而向之以趨，或本之而行之所成就，乃中國數千年儒家思想中，不捨人以言天，亦不外天而言人之最為重要的話語。雖其邊際效應，猶未及充盡物理物實之場域而曲致其全用，卻於人之所以為人之本質的義理，固已造乎「浩浩淵淵」「於穆不已」的終極之境，故先前肇建之歷史文化的盛況，可以冠蓋世界而罕有匹敵。然而甚可惜者是，如前所言，百餘年來，一般浮遊或活躍於社會表層的智識份子，激於西方「物實經驗為重，競爭搏擊為先」之帝國侵略思想與行為之得勢，遂遽爾忘了自家固有的寶藏，而一惟其殖民之暴利是慕；奇技之淫巧是追，以致國家典憲、民情風習，儘成潰腐殘缺，紛馳零亂；最不堪聞問之流弊，是即如本節先所明指的知識界，尤其那些自以為是，要來帶領社會愚眾走出（實即走進）黑洞的哲學思想者「物質至上」之深植牢固，其為禍之烈，較諸別他任何行動，更顯得特為嚴重。說到這裡，我想大概會引致很多同為學術研究朋友的疑慮和責備！於是，不得不再就儒學立場素所觀想而得的點點愚見或理論，進而作一坦誠無畏、如實深析的陳明。

㈡唯物是崇腐蝕人心，敗壞人文於不知不覺之勢能

關此，我們必須有更深一重的肯定，即：人之為生，是個先於一切存在的事實，而在這樣一個存在的事實中，明顯有其不可或缺的兩大成份：一是著為形跡的物質身體，一是隱為靈動的精神理性，二者和合一志，便成活潑開朗，應物處事的個人之生。其始初的過程，乃由胎孕至脫離母體為嬰孩，原是個純粹天然的血肉之軀，必待軀幹日漸長大，始得見生而本有的靈性逐步用事，而進入自由自在的生活，亦即自主自覺的人生。及於此時，所謂人者，便由「靈性」與「軀幹」之異用，而有孰重孰輕、孰強孰弱之分歧的表態與行止，切就人格造就之必企於高上而惡低下為論，自當以靈性之強、重，管治軀體且置為弱而輕者為貴；反之，則自屬卑下一流也。通常的人，大都知曉這個道理，所以自古流傳的諺語是「人為萬物之靈」，並以為「人禽異位」之區別。但是問題還不止此，則在靈性位上，更有「德性」、「知性」與「才性」，亦即今之哲學界人人皆知有康德所批判的「實踐理性」、「純粹理性」與「判斷力」（美學的）之不同。三者之末的「才性」一項是中性的，它上可以佐助「德性」，下可以增強「知性」，而自身則一切不在乎，而惟「才」是恃或恣情的自然存

在，所以伊川嘗說「大德（也應涵括大智）之人，不以才論」，就是說人品人格之高低，不當以才性作審識的標準，世人每稱資優人者為「天才」，正因他是自然生就，非後天努力所達致。然則真正的成人，是要著實在德性、知性兩處用力才算的。不過，在於歸位或開創之活動程態上，德性是攀升逆轉而較為艱辛的，故必依自覺而「深造之以道」，「終食之間不違仁」，乃得成謙沖無為之君子而普濟天下；知性則寄情於撲捉對象，是見得外物如何，即追認其如何的隨順流放而較為輕便鬆弛的，所成則惟一己（包括己家、己族、己邦、己國）之利得是足，所以大多數人無論言思與作為，俱都會在不經省惕的任情適應下，履行知性順放的路子。此亦本屬自然可有之事，而且就其生發過程而為哲學思考或分析，如康德純理批判之所鋪陳，亦是極於繁複深摯，而應為仁智人所當為發掘開闢者。問題是專一循持其途者，常易忘情地落到自視甚高獨到，而卑視他行異數；尤可慮者，則在若得幸而才性天縱，必將據為奇貨、倚作把柄，不甘德性規範，甚且鄙夷對反之。如是，則其內蘊之意識，便必然傾側於乾脆的「物質至上」之偏邊，而不容有餘論之可參考也。此若拘於個體，為害猶輕，最多自成一狂徒，可不為社會正人所理睬；若竟揭為理想目標，發起組織運動，則其影響或且席捲整個人間世而去的力道之巨大，便將莫可估量遏制矣。箇中助成和會之因緣，即在它實能掀起一種物理酵化和普遍浸漬的效應；詳確言之，亦即經由知識份子之鼓吹崇尚，曲為論說，則在高據學術引領習俗之優位上，固將使天下人好奇地信假為真而靡然風從；何況又果能刺激其生理之衝動，逗弄以物實之需求，以致大家不復知解、也不願欲性靈精神之當由道德的修習以存養；儘成人自如物的物物交引之現實「場域」之腐臭糜爛。即如備物致用的「科學」，自由議政的「民主」，亦全俱變質為：兇暴人利用作殺人的工具；野心家操弄成民粹的詐術。則世界尤其是中國近百年來之禍害，如吾人前文所再三申言者，不只其來有自，且恐愈演愈烈，落得個不可收拾之終局了！

六、結論

本文自第一節〈引言〉揭櫫歷代「勢運」之盛衰，端在儒學隆替顯隱之為前因與後果：先是春秋、戰國紛亂，周文疲憊，極於禮壞樂崩，殺戮侵伐；孔孟創仁義中正之教，開六經生面之門，造就兩漢政學興旺，隋唐文化昌盛。宋、明，反佛歸儒，道德重振，雖然宗社屢傾，而民知守義，終能續其道脈，成其光復。至於今世，則因西學東漸，機械利便，交通發達，人們對於物資工技的追求，愈精巧而愈覺未盡，愈豐沛而愈感不足。以致無論人品高低、境況順逆，一惟繁奢豪侈之生活是務；而部份冒據學術上層，號稱博學茂才的智識份子，則竟煽風點火，大加唱和；或以陰凝柔軟姿態，普遍浸染人心的危機，正滋蔓流散無已而更此甚於彼；究其為厲之階，較諸往古，亦更是今烈於昔。新儒學者依悲憫之懷，見得天理斲喪，人道隳毀，族類文明，勢必淪於無可挽救之厄運，乃不憚觸犯群慍，挺身振臂高呼，明白指其非是，正其謬誤，冀有以回天返真，開光濟暗，是誠知其不可為而為的大智大勇之表也。

然則如何得成其實踐？坦白說：在手無斧柯，又不得挾眾行劫、製造紛擾之際，要求一舉而救正大局，確屬幻想；然亦未必無回春之幾，要在多幾個慎微謹獨，省其己身之能為而為之，示人以高潔不撓之風儀，莫計人不我敬，但問我之有無足以召人相敬者，則由一身一家至於一鄉一國而聲息相吸相引，自亦可有如酵素黴菌般化成天下、變易權貴之效。可慮的問題是：現實社會中人多不求諸內而偏求諸外，例如：我今提出這種思維，恐皆遽以定於外在環境或阻力之容不容許來質疑，亦即釘在與己無關的物理法則的立場來懷疑是否可行。果爾如此，便是心存猜疑，而有倚賴外力、卸卻己責的「物類化」的意思了。這是大歧出，也是大肇禍端的開頭。所以我建議你最好趁此遮斷一切，立即轉身自思自問——「能不能作到」（實在講，這沒有作不到的），如此，便是實求諸內，而且可是當下有諸己了。此絕非戲言空話，乃是確屬益己而兼善天下的正定工夫，圓成實果之所必由也。當然，就社會運作之共業而言，固猶有待於法節制度之建立以利展布充拓，其間最關重要者，則首在教育機制之正確。蓋凡所謂教育者，乃人格睿知之蒙養，然後及於知識才藝或專業之培植——今之學校教育，每以畢業後之工作易得、致富攘貴為最高目標，所施則惟智技一邊之教練，正是憑依知性撲捉外物，而終成唯物是崇，唯利是計之苗芽所在（最令人痛心者，乃當今世界各地支把握教權教責者，竟爾公然悖理犯義，毀性滅道而無忌憚也）。此時，凡我心同理同的學人志士，自應本戒慎恐懼之情，或盡言責以開導，或事行動以引領，方可望共成除病布新、開濟勢運之盛大德業。最近十餘年間，好友王財貴教授發起幼兒讀經，家長循誘，行見蔚為運動，遍及臺、港、大陸各地風起雲湧而效之，的是個好的開始。若得在座或參與會議諸友同聲呼應，並自各個場域、各個角度，提出各適其宜的計畫或指針，達致百慮一心，殊途同歸，進而促使居位從政者製策定議，不敢怠忽，則其化民成俗，消解戾氣於無形之美圖，固仍可以指日而待；至於凡諸具體的成文成典之安排與措置，所關猶多，篇幅有限，恕不盡舉，唯智勇者之善為推發。

肆、儒家心、身位階之衡定

——讀楊著《儒家身體觀》書後芻議

八十六年春節期間，適值拙著《論語分類義釋》暫時告一段落！自我休假之際，承蒙中研院文哲研究所惠贈楊儒賓教授著《儒家身體觀》一書。頓感名目殊特，隨即拜讀一過，深佩作者思維精敏，創說新穎，凡所引據資料及解義，可謂極盡旁蒐力探、迴環周密之能事。以一個學者作學問的標準來看，自必歷經勤勉奮發，堅持自許自信之所成就，堪為任何求知好問者之欣羨而以為榜樣。

可是，筆者亦有甚覺詫異，不能已於進言者，即就全書內容而觀作者蘊蓄之用心，要在闡發中國傳統社會中，一般仰慕威容盛貌，乃至筋強體美，道骨仙風之習俗見地之情實。誠然，這種情實之在於儒家，因其寬容量大，流派繁多，固亦難免有個人之好奇而介入，但不可謂為整個儒家之一項顯著而重要的特徵，遂顏其書曰：《儒家身體觀》，而且獨挈孟子其人其書隨機透露具體人格形象之部分語辭為典據以證成。蓋依愚見，代表儒家正宗思想之經籍，殊少「身」與「體」連屬而名「身體」並加申論者。凡其欲表耳、目、口、鼻、手、足，心、肝、脾、胃、腎、腸等血肉結構之軀，則皆僅以「體」名，如曰「四體」、「五體」、「肢體」、「形體」之類是也。若單稱一個「身」字，則必為整個活絡生命之代號，如《論》、《孟》、《學》、《庸》、《易》、《書》之言「修身」、「養身」或「安身」、「殉身」之諸辭，即皆以謂修善、維護完整活絡之生命，蔚成卓絕高尚之人格也。後世身、體連詞為名，概由醫家按其肌膚臟腑，骨骼筋脈，調治疾病之固定形軀而來。儒家當然不能說這個形軀不需要或不予正視，但因其本質終究為中性的無知無識、無是無非之物事；絕不能與知是知非、好善惡惡，足以導使身軀向是遠非、行善去惡之心性位階平齊並觀。孔子之「惡鄉原」，極言「有殺身以成仁，無求生以害仁」；孟子之「道性善」，不許告子的「生之謂性」，以至強調「舍生而取義」，其背後之理論依據，即在於此。今若曰身體等同於心性，或強固了體氣，便是性德的完成，則孔、孟如上之理念，俱不能有矣。作者所以不用「生命觀」而用「身體觀」，固必有其別出之異指，何可堂然以安於孟子，且復統括乎儒家也？

以愚觀楊先生之為學，對於上述儒家之正見，並非全無所知，而且知得很多；否則不可能靈活運用，巧為銜接，構造如許一部大書。只是其似甚游心於唯物現實之境，不屑為內在而超越之體認，故常言在此而意在彼，凡所稱引《論》、《孟》、《易》、《庸》及宋明儒朱子與陸、王間異同或心宗、性宗各家各派之文獻與義理，雖然極其豐碩，實際多是新儒家前輩先生早已講論明白者，楊先生之取以套合一己先入之見，處處曲折其解，顯得勉強迴護，甚至矛盾不類，自非其自身之果真有誤，乃欲藉此故為模糊，以導夫天下英雄之入彀也。其書概列八章，原係對應不同他見提出異議的八個單篇論文。編輯成書以後，前六章算是合乎主題的通貫之論，全書宗旨，已盡於此，無復缺遺矣。殿後的七、八兩章，實可不必再有，附之，亦屬多餘，徒見為牽扯之外的更牽扯。嚴格說來，真正的意向所指，則惟五、六兩章：執定《管子》〈內業〉、〈心術〉、〈白心〉與帛書〈五行〉、〈聖德〉等孤篇之幾近於尊為典憲，成其主斷而已。關此兩文獻所蘊意理之在中國思想文化中之分量與是非，吾今雖不欲辨，亦暫無所用其辨——人有信之，無或能沮其不信；人有倚之為中心，敷衍或放大為學術論著，無或能謂其不可。茲惟就二者之本義及作為論說證立之可靠性，略微言之，以備識者之參詳耳。

首先是：《管子》之為書，先儒多有置於諸子學之雜家言者，其思想內涵，包括有儒、道、名、法、墨、農、陰陽各流派之成分，且多攪拌混合成篇。楊先生所極為推重的〈內業〉、〈心術（上、下）〉、〈白心〉各篇，正是儒、道、法、名諸家之善言雜揉所組成，而基本意識與思路，則最近道家，吾恐即道家後學，如漢世黃老之徒，轉向道教發展的過渡之作。所以歷來一般遊仙修道、追求長生羽化之想者，每多據其說（尤其〈內業篇〉）以創宗衍派。間亦或有更舉《論》、《孟》、《易》、《庸》之言相附和，則皆不過依托假借以為容飾耳。豈可認真？

其次是：馬王堆出土之帛書「五行」、「四行」說，在歷經數千年、萬千學者取舍陶煉，仍然流傳不朽之《孟子七篇》中，並不見有此等稱謂。而帛書作者，則徑據《孟子》最為重心的仁、義、禮、智，再加一個「聖」字，撮合成「四行」、「五行」之名。因此，楊先生即一惟大陸信守馬列唯物主義，與域外某些自命權威學者之推論是從，斷然以為符合了《荀子・非十二子篇》「案往舊造說，謂之五行（……）是子思、孟軻之罪也」的論旨；推翻了前此學界之種種臆測，而且肯定絕對為思、孟後學之作。然吾人於此，則仍有大感疑惑莫解者三事：

一是荀子稱思、孟之五行，若真是所謂的仁、義、禮、智、聖，則荀書中亦常見、而且非常看重此類之觀念，何得在子思、孟子，便遽謂其「僻違無類，幽隱無說，閉約無解」，而竟視之為「罪」戾乎？

二是就形式上看，帛書「五行」、「四行」說之文字，奇拗詰詘，意態模稜渾沌，若真是思、孟後學之作，則其說理抒義，反不如先師遺著之明順通達；以致見棄於時人，終且埋置土壤，必待今人猜臆式的詮詁，實在令人不解。

三是就內容上看，帛書「五行」、「四行」說，除借用了《孟子》仁、義、禮、智、聖之名言，略事詮表外，而餘意所存，正如楊先生之所論析，往往俱是著力在軀體氣質之變化昇華處。是則其致思之由，何嘗不可歸於秦漢以降方術之士，勵行燒丹煉汞、點鐵成金，變肉體為道身不腐之所存想？不此之求解，卻硬謂南蠻之地的馬王堆墓中老婦人，尊儒學勝於奉仙道，則固有難於思議者矣。

析論至此，我想可以總括地更進一說：如果儒家（正宗的）真有所謂「身體」的看法，那必然是屬於整個人格生命轄管下之一環；並認為超出此一範圍，而縱任其本能之所之，則將有奔坡墮巖之大險。是故古先儒聖之視其位階，必以定限於工具之層級，而納歸於心性或精神實體之主控。當然，「工欲善其事，必先利其器」，工具級的身體，無疑亦至為重要，佔有任何活動事宜「必先」的地位。所以凡為人也，應盡一切可能的方法手段，確保其強健安康。曾子臨終告門弟子曰：「啟予足，啟予手，而今而後，吾和免夫！」孟子申論順命之正曰：「是故知命者，不立乎巖牆之下。」正是基於這個認知所提示的戒謹。但儘管如此，究其全幅之功能作用，畢竟為「借過」而非可即以成「永恆」。最殘酷的現實，就是人必有死，甚且有時必須自覺地「捐軀」，而後得顯人生存在之價值。孟子繼前復曰：「盡其道而死者，正命也；桎梏死者，非正命也。」其以死關乎命之正不正，顯然不是由身軀之保固不保固為分判的。試看堯、舜、禹、湯、文、周、孔、孟……之典型，至今猶然鮮活於人心，而其血肉之軀體，又果何在乎？即或有在者，又能再生何等功用？吾以此故知人之逐求筋韌骨強、血足氣盛，乃至全形永生、玉色不毀，如傳說中之羽化飛仙者，皆幻妄也；而於楊先生費盡心力，作成《儒家身體觀》之終極理念，究欲何歸？亦甚有所存疑矣。

上來徧見，乃筆者由閱讀楊書隨處興起感觸，所作眉註數十條之綜持的回憶與提揭。若是依序疏通，擴展為整體之文章，勢必亦得跟著楊氏原著，祇為幾個定式概念，反覆重疊其說，卻又弄得篇幅甚長，徒滋繁複迷亂，教人難以卒讀。有生之年，尤其老來心境，惟於道理有固執，殊少緣於好名爭勝、強為學術而學術的興味，故但依心所謂然，略表其主要觀點如前。以下簡錄所就楊書各處草擬之原始意見若干條，其先且標舉頁數或行列，但願能助讀者先生之對勘，而明鄙懷所由來。不成論文體式，則請以「補篇」或「附識」視之可也。

㈠四十九頁一行下

案：此以身體與意識相對互成所謂之「現象」，只可就人生言之，若就宇宙萬物言，則實有無意識的身體。由犬豕牛馬……之少有意識至草木瓦石……之全然無有，即可證之。在《孟子》，身體是中性無記的，可上可下。在於人生過程中，由善人本善性以率之，則身可進於善而有價值；若惡人之不順本性而縱任暴棄之，則身即下流而無價值或反價值。故孟子基本上是以中性之「物類」看待身體的，可修而與絕對理性之心合體同值，卻終不能說是同質。又須記住：只有人才能經由心以修善身體，他物則不能。

(二)一四三頁至一四九頁

案：就修習已達聖境之孟子個人說，自是心、氣、形為一體無分，所以形可生色，氣可浩然。但就客觀宇宙普一切人、物未經修習而亦有此三象之實言，則心、形、氣為各具特性之獨立物。其中「氣」一項，根本沒有自體，氣是依心之動發則有理氣；依形（身）之動作則有物氣，它不能無所依托而可徑自顯出。心、身兩項：心因能為自覺、自省、自制、自決……是本體即善，與理為一。身則為純物質的存在，無善無惡，但順自體往下滾則必惡；由心為主，導之使上則可善。孟子對於身一面少有論述，就是當作普遍的物質之身看待，所以不用說。如實言之，人雖有身，卻不能並心而同等。這是必須了別的問題，卻不可因孟子本人，經由工夫所達至的心身合一，遂謂客觀的心、身為同質，甚至倒過來說，鍛鍊身體即能以成就心德。如是，然後可知孟子何以堅持與告子的「生之謂性」相辯，並力倡「舍生取義」之故也。至於宋儒程明道之盛言天人一體，並且亦言「生之謂性」，則別有一種超越進路的體認，不可與此混說。

㈢一五二頁

案：講孟子的「夜氣」，前說是也；後說則為附會，就作者之本意看，恐怕還是主要的用心所在。

㈣一五三頁

案：就孟子存心、養性、事天之過程言，作者此處所說，都是其「致曲」工夫所當有之事，也是其踐形以提升身體至於與心合一、同其價值之事。但不能即說普遍概念中的物質身體與心靈意識並齊同等。因為這樣，物質身體便可獨立自由運作，帶來許多不負責任的善事或惡事，善固無礙，若是墮落而為惡人，則他還可振振有詞地說：「身之所欲，非我罪也。」果真如此，便太危險了！孟子念念要人「存心」，乃至「舍生取義」，就是基於這個道理。

㈤一五六頁十一行下

案：這些問題，如果知氣無自體，只是心或物之動發而後見其有，便可迎刃而解，甚至根本不必要提出。（氣之無自體，拙著〈孟子知言養氣章研究〉有詳申，先前發表於《民主評論》第十三卷第十九、二十期。後復併入《儒學探源》第三篇第五章，鵝湖出版社。）

(六)一六一頁五行以下

案：這是作者將仙道法術之說理論化。孟子睟面盎背之云，乃是描述精神愉悅、自得自安時之神態，非如俗情中以煉氣活血而成所謂「鶴髮童顏」、「紅頭花色」者也。

(七)一六三頁八行以下

案：作者一直要想把物質的形（身）體，說成人生的價值體，可能有兩個因緣，一是受近世唯物論，尤其現今大陸上仍然固執唯物思想學者的影響；一是信得中國秦漢以下仙家術士修道煉丹，長生不死之民間傳統甚堅，而欲予理論化，且推升至學術地位之故。

(八)一七二頁

案：從上文看來，作者研究孟子的原始動機，正在借其「踐形」、「養氣」之現成詞語，以為養生家修鍊理論之佐證。最後說「不能過度誇大」，意恐尚在隱謂「孟子的不足」。如若不然，則根本不必有此類於孟子實如蛇足之論。

(九)二七六頁以下

案：由此兩條尤其第二條推演下來，業已充分透露作者意欲「身」成金剛不壞之仙體者甚明矣。

(十)二七七頁九行下

案：這明明是仙道家養氣煉丹、修成軀體不壞之想，乃借孟子說以誇奢張大其情境而已。關此，我們只要一問：成道以後之神仙，其所作所為，是否高於，乃至只說同於儒家之以人格精神為尚之聖賢，便可了然分判於心矣。

(土)三〇七頁

案：良知著在身體，耳目口鼻便能視聽言動皆合理；不是能把耳目口鼻鍛鍊成竟能自主地視聽言動合理也。

(土)三二四頁一行以下

案：這些話語及其所表示的理念，正宗儒家本俱可說。一個道成德立的聖賢人物，豈有不潤乎身而象諸形者乎？所以宋明心學派大師種種關聯著具體身形而表示的那些特異的感覺，如作者上文之所指陳者，皆為理所必至的結果或收穫受用，絲毫不假。但儘管如此，仍應知名義上「心」與「身」，畢竟是分際不同——心是純粹的理（心即理），可凝聚而為志；身則為中性之物，必待心志之主導而後可合理、行善，它本身並不具理，也無善無惡。若任其流放，甚且只見其惡，不見其善（荀子就是在這個層面上主性惡），所以任何理學家，無論達至何等心身交融，乃至天人合一之境，而在修習過程中，總要說個「存天理，去人欲」（陽明《傳習錄》最常見）。去人欲，就是因為身體（理學家多稱為「軀殼」）有流於惡行的可能，所以要時時去除其可能為惡的東西。天理說存，人欲說去，二者界劃得明明白白。若不掌握這點意思，而惟既已成德之聖賢人物，由體證朗現的「即心是身，即身是心」等等啟人深思，教人從善之法言、法行是取，藉為一己「心身平列」偏見之掩護，甚至只求鍊得肉身成道、羽化消遙，而遺心志應負家國天下、歷史文化開創之責任於不顧，此則正恐難免企圖矇混，以便移花接木之譏矣。

又案：作者以醫學家對於身體結構，或陰陽五行思想下氣化之理論與觀念講踐形，難怪他會認為牟宗三先生之學不能實踐，而大肆貶評。（此見其所著〈人性、歷史契機與社會實踐——從有限的人性論看牟宗三的社會哲學〉，《臺灣社會研究季刊》第一卷第四期，一九八八年，冬季號。）

（十三）三二五頁倒十行起

案：請問孟子至今尚存的，是他的精神思想，還是他的物質身體？自古聖賢，名傳永世，其曾經睟面盎背的身體，今猶在否？

（十四）三二六頁一行起

案：這大段文字，都是作者為了圓成己見的強說辭。「氣」只是個抽象的共名，並無獨立的實體，它是隨各種有獨立實體之物事之動發，產生力能而謂之氣，如依心志之動發則有志氣；依物實之動發則有物氣；依正行有正氣，依邪行有邪氣。其所依發，可以無限，故其成象，亦可無限。但絕沒有個獨體之氣足供人之把捉或思以對之者（物理現象中之雲氣、蒸氣……之類，就其成形說，已是物；就其可因某種動能而積聚，亦因某種動能消失而消散，則仍屬無自體之虛名）。孟子「養氣」之說，正是落在心志之「養」上做工夫。其所云「夜氣」、「平旦之氣」，只是形容心在清明狀態中，蘊有無限潛力（氣）的形容詞。孟子去今數千年，其所深造而得之道，至今猶在人間與吾人相通，可是氣與身體，何處可復尋覓？知此之不能，則知必欲以保固實質可感的「身體」並依之以言「實踐」者之不足以言道也。再者，作者以社會主義立場講實踐，請問：人果鍊氣化神，成金剛不壞之身（事實上不能），又能對人間社會作出怎樣的貢獻？顏淵短命，伯牛有斯疾，明道、象山、陽明，年皆不過四、五十，身體必然不能算強健；而張巡、許遠、文天祥、史可法諸忠烈，類皆英年殉國。然而他們在於歷史社會中實踐的影響及貢獻，卻為百世所欽仰，豈不深值吾人省思？

㈤三二七頁八行以下

案：孟子生前，自是如此。但他依理論形式說出時，是當作一種原則，示人之求至於道，可潛隱地有此一注意身體，而著實踐形、存心、養氣的進路，並非以為人人必須遵循之途轍。很顯然的，顏子就不必然如此。

(十六)三二九頁以下至三三〇頁

案：如此說者，皆是儒學本有之義，與作者前此各章所企求之理念——在於身體之必鍊而成如金似鐵之觀點，殊不相應，究其實意，蓋皆欲以便其假借也。因若真是會得此中道理，則根本不須有前頭的許多閒嗑牙。

(十七)三三三頁六行以下

案：對朱子學派的批判，定義殊不切當。1.朱子學在儒學傳統中，是繼荀子、董仲舒等正視經驗現實之系列下發展出來的，不能全稱自鑄系統。2.對人的身體有戒心，不是朱子學派的獨見；孔、曾、思、孟下及宋明諸儒俱有之。孔曰「殺身成仁」，孟曰「舍生取義」，理學家稱「存天理，去人欲」皆是。

(十八)三三四頁最後幾行

案：作者欲說的真心話——身體觀，就是從這種模糊界地幌幌盪盪，遊離漂浮出來了。

(十九)三四八頁十七行以下

案：此處義須簡別「天地之性」與「氣質之性」，論說時雖可對稱，實質則不可等同而觀。天地之性是宇宙原始的本體，由之衍生，乃有氣質，且有其性（天地之性是有天地即有性；

氣質之性，是先有質而後才有性。此是二者對稱時必須了別的。當然，氣質之性，既已成形，它亦可以再三衍化，甚至無限衍化外於其自身的氣質。如人則子孫綿延；萬物則基因繁殖。到得此時，則性、質是同時存在的了）。氣質與其性，是通一切現實或現象之物而言，但其中必須分辨有個特殊存有者，便是「人」。當天地之性落實而成就氣質與其性時，唯人乃兼有天地與氣質兩層之性之蘊於中。所以人能自覺地將氣質之性經由修持而提昇，而契合於天地之性。及其昇合於天地之性以後，二者便自然同一，而作者於前文所說那些聖賢人物超卓的氣象，就自然呈顯出來了。但是這種上昇以同於天地的行徑，在其他亦可名為氣質之性的萬物則不能。不但他物不能，即人而言，如不自覺地善為操持其內蘊的天地之性，則亦僅為氣質之性之存在而已。由此可知氣質之性，是有其獨特存有之質性，不與天地之性同一的。作者於此無所辨，應非其明不足以及此，而是其殷切冀望躋登身體於仙風道骨之境，所釀成的執著使然吧！考察至此，可以充分知其寫此一部大書之關鍵所在矣。

㈩四一一頁前後

案：作者最後只就哲學或思想，做了歷史的判斷，未就宇宙人生之當然乃至必然得為道德的或善的存在做出判斷。雖然從本書開始至最後的兩三行，都歸於以孟子為標的，但真正的用意，總是落在一個狹窄的「身體」上表其概見的。

〔別記〕 上文刊出後，楊儒賓教授旋有《無心之諍》一文作回應。筆者亦遂有致編者先生之復函，聊表意理無礙之交流。但經主編戴璉璋兄電告：為免彼此往覆辯說無已，只影印原稿寄楊先生參考，文則不再刊登。今本書既復輯錄前文，對於凡所牽連之餘音，自當明為交代，故仍附列於此，俾見一事之原始要終也。

編者先生：

月前承轉寄楊儒賓教授對拙文〈儒家心、身位階衡定〉答覆之原稿影本（該文嗣已刊於《文哲通訊》七卷三期），早經拜讀，因故遲覆為歉！

細審楊先生答覆之文，字裡行間並無與鄙意絕不相容之衝突。蓋如其所了別：基本理念，正是在肯定，甚至尊尚儒家學術或學問之價值意義下進行的。聲氣本可相通，群振自無庸再事諍言：故但就前之拙作，略申三點原委於下，藉為初時之唐突繫鈴解套而已。

①就原書整體之內容及論證程式看，楊先生在心、形、氣三者方面的鋪陳，顯然前一不及後二之深密繁富，尤其所據文獻資料和標其書名《儒家身體觀》，正有邊緣掩蓋中心，而致重點錯雜失衡，足使讀者印象，適與著者用心相翻之嫌。

②群振於道、佛乃至耶、回等宗教教友對其教義之奉持，諸子百家之以思想學術而成一

家言者，無不依義理之當然，肯定其價值。惟個己修習，則以儒聖「為仁由己」之操持為足，故於諸家所是，可以竭誠尊之敬之，而不必循其方。人有據彼之方式訾議或混充儒學者，則輒不能忍而不出為明辨耳。

③說到牟宗三先生，群振僅於〈附識〉十二之二條偶有提及，楊先生卻因以暢發了大段的議論，並認為「正面的傳述」不定能比「側面的質疑」，更足以突顯牟先生哲學的意義。這說法，有無堅實的理論基礎，可暫不論，倒是充份表明了他確然對牟先生學思之無所契許。就依群振前據楊所批評牟先生之學不能為社會實踐的原文看，楊之於牟，正如針鋒之相對而抵觸。其對反所造作的名言及表顯的意態，琦瑰多端，當然不是此一短函所能盡其曲折者。但我可借人皆熟識的兩組語詞——「超越理性」與「現實經驗」之因果關係，來為二家學理作個大致的簡別：牟先生是主張由理性以經孟、荀、二子而已形成宗、支分異之兩流。楊先生在於現代多元學術風氣之薰陶下，思想見識，自較荀子豐厚而特出，然其基本向度，畢竟與荀子為同途。可是其論證卻惟天道性命相貫通之孟子是崇，而絕少及於荀子，且復大力推揚與荀子非難的「以形狀顏色論吉凶妖祥」觀念（見〈非相篇〉）相左的神仙術士之行，是即吾先之所以直覺未妥而不能無言也。今讀其〈無諍〉之文，既知伊人所見如彼，則在無傷根原義旨之大前提下，固可各信所信而相推互許，自不用喋喋多言矣。

伍、儒家圓教與海德格存有論思想之對勘

——評謝大寧教授《儒家圓教底再詮釋》

一、通判

㈠

在於近現代的中國思想界，由民初五四反傳統的新文化運動，到四、五十年代臺港乃至海外開始省察轉向的新儒學興起，迄今可說已漸臻人類存在本真與哲理淵源之探索研發的蓬勃趨勢。然而最近一、二十年間，卻又有一輩為數不多而衝勁十足的青年學者，不諱五四唯

自由享樂是求、帶來馬列史毛唯物主義為禍世界、尤其是中國大災難的前情，再度羨新慕異地掀起排斥中國傳統的道德理想主義的浪潮。他們一致的思維行動，就是專對新儒家、特別是牟宗三先生採取不遺餘力的傾瀉式的摧撼。其為事實，則是因為牟先生秉持傳統必進於現代化，現代化必契乎傳統之雙容互成之理想，而以其精誠敏慧之天資、終生窮究中、西哲學，創發許多經典性的思理名言如：「內在的道德主體性」、「超越而形上的宇宙精神實體」以及「理性之運用（或）架構表現」、「良知之自我坎陷以知物從物」等等內容豐沛的詞語和觀念，最為上列各個不顧任何負面效應而醉心於自由和物質享受的青年學人所深忌憚。他們之中，初亦有視凡涉形上實在思考，常為政治野心家利用以欺天罔民之護身靈符者，此尚屬一時外勢之不稱己意，偶致認知失衡的偏誤，自亦可有借為他山之石攻錯或批判地創造改進之嘉猷善謨在。但是愈到近時，則愈見其多數確是根本異向，卻又別具內事鬩牆，而外從其侮，以達去此就彼、移花接木之用心，且復昂然惟予馬首是瞻、堂皇其說者，此則邇來所讀謝大寧教授《儒家圓教底再詮釋——從「道德形上學」到「溝通倫理學底存有論轉化」》一書，大有教人難免顯著強勢之憾！在此，我想應先就我在閱讀過程中自然湧現的重重感覺和意見，略作幾點綜合性預言與說明。

(二)

首先是：我在開始看到這個蘊有多義的繁複冗長的書名及封面上拓印的牟先生的影像，便信以為是對當代新儒學真有如他們所常自許的「批判地繼承」和「創造地轉化」的內容，遂本多元承認之志念，專心一意地逐章逐節細讀下去，希望從中獲得一些彌補平日所欠缺的理解。在於起先的第一、二、三章各節，幾乎可說完全依循牟先生疏解宋明儒學義理及辨析隋唐佛學天台、華嚴判教之實例以彰顯儒家圓教的思路，作了相當細緻詳密的推求工夫，我且因之得以重溫舊知和開釋糾結的效果，而深佩其用力之堅勤。雖然各節敘論中，屢有藉著疑慮式的問語表示另有所見或所思，但並無明顯抉別的指陳，而我亦初無具體異感之足言，及至第四章二、三節，始漸見其著力於牟先生《心體與性體》、《從陸象山到劉蕺山》二鉅著所分疏論定的儒學三系，與借助天台、華嚴關於圓教正別之辨、最後歸結為《圓善論》中就陽明、龍溪「四有」「四無」句積成之「儒家圓教」規模與義旨，極盡挑剔異議之能事，由而伐莖刨根至五章終了之全盤否定，使歷經數百乃至數千年儒、道、佛、各家傳承不替之超越而兼內在之基本共識，不終朝而盡歸消失。其明白偏狹的進路：是將南宋胡五峰與晚明劉蕺山二人從整個儒學大傳統中孤突地推舉出來，以五峰強調的「以心著性」，蕺山正視的

「形著原則」為重點對象，作了曲折矯揉的獨白式處理——即根本漠視甚至屏除形上的性理之超越義與心具良知之主體義，而惟取「心以著性」之現實活動的情境為說。如是！這般！則不僅完全切斷儒家之所以為儒家的精神命脈，且是對胡、劉二家原本在於繼承前修推擴申解儒學真旨之本懷，進行了澈底異向的大膽的扭曲。極於此際，吾乃深切感受到作者在整個書中竭盡所能經營的苦心，非是要為中國乃至東方之哲學思想內容增添或加強點什麼？而頗似基於嫌惡心理、斷然否決鄙棄所採取的入室操戈、移花接木式的策略或手段。

㈢

然則何所依恃定要作如此強態而旁若無人之歷史大翻案？究而觀之，亦並非其自心果爾蘊蓄著盛大蓬勃之真理實感之不得不發，而是基於無來由的信持與人云亦云之外在權威之仰仗、互相勾連合體、形成氣魄式放膽的情緒所促成。此不待旁蒐別舉他書異議為證，但於該書各處顯豁流露之主觀意態與資為論述定指之人物、典冊，便可充份見得（特例則如〈第五章三節〉注三所引李明輝提列，及其自舉之同氣相求，異見相非之人士與書文，當可概知），毋煩費言矣。於是，我們所當進而申言者乃：

謝先生仗恃為論理背景或依據之全幅偏倚於海德格、哈伯瑪斯、伽達瑪等之一路，實有更大可議者在。海、哈、伽……之流派，大概可說是西方近現代哲學界人士所皆知的巨匠型人物，坦白說，我因不識外文、沒有讀過他們的原著，但從國內一些趨新鶩奇學者，尤其如謝教授（以下或簡稱作者）輩之斷續引介和推許，亦頗有所感知。綜而觀之，他們在西方哲學重鎮的德國，是承康德、黑格爾等盛張形上理性及先驗主義哲學之後，繼起的反乎康氏、黑氏而唯眼見的現實是認——卻與馬克思、恩格斯乃至列寧、史太林之流，作著同曲異工的唱和，而為當世一般追求時髦之青年學子所共崇仰的絕古蓋今的大師，海氏所創說的兩個似虛非虛、非玄似玄，實無可稱的兩個名詞——「存有」與「此有」（或亦有譯作「此在」者），正是既不能逃脫前修已著之形上智思原理和要求，又不欲蹈唯物主義者殘暴不仁、行險僥倖的惡質的窠臼，乃別出巧思地裁製個介乎理想與經驗雙邊，教人捉摸不定又不忍捨棄的是而不是、不是而又是的詖辭（孟子稱「詖辭，知其所蔽」）。他們為了誘人之深入那寥闊蒼莽，無有邊際，不著任何色彩，而類似長夜暗洞的境域，復藉人類終身賴以表達志念自然生發之語言天份，構成所謂「詮釋」之學之為學的假象，且幾乎以之取代通常哲學系統中必有之本體論價值和地位，而機巧地說個算不得玄虛的玄虛詞語——「非人說語言而是語言說人」，來達成其消除或蕩平人類期尚高遠理想之藉口；他們在唯功利是崇之拖帶或需求下，有時也似乎意識到沒有形上道德之為超越規範時，將會招致人與人間之秩序失調，紀律弛廢而天下大亂，於是又從一現象界中群體組合之社會層面，揭出個無本無根，憑空飛來似的「社會倫理學」，並且由而衍生種種不同名目如：政治……、經濟……、家庭……、學校……乃至居住……環境……等分門別類，千差萬異的倫理學，此在一般學究型的專家，既多只在這諸重名目中不厭繁瑣地問其結構之細節如何？（順此而往，固也可能讓他們在各個獨門領域中，消磨畢生精力，而自足自負，無怨無悔，乃至可得無上之現實榮光和優遇。）卻從不總括一探倫理之所以為倫理的根源或由來。有之，亦不過是稍及於生物意義的生物心理之分析。至於更進一步的自圓其說，就是拘限整個之人生存在於單純的社交經驗中對話或會議之活動；而為著避免各執己見之釀致交惡，便再立個彼此制衡又近乎安慰的「互為主體性」與「溝通倫理學」之邏輯命題，來作為本質性道德理想移轉至外在表象之處理與運作，由而自滿自誇地詡為義務類的社會實踐。這說來好像很是周延完備，但是非常明顯地將一個深關人生價值內蘊的道德倫理、當作一種僅供把持操弄的工具或條件物來利用，其結果自然可說為馬恩列史創言唯物史觀搗亂整個人類世界百有餘年不得安寧的原始思維之回鍋，所以人多視其與馬列同流、且徑以「新馬主義者」稱之也。而我們的一些趨時務新、躋身學界的青年人物，竟也以為希世難見的完美無缺的瑰寶，信持崇奉之不足，又且反轉身來，對準數千年隨時順勢、日新又新的儒家義理之學，肆其無理無情的攻詰，甚至詆毀澌滅，也在所不惜！其間所見任意散發異見之篇章偶論，固為不少；而以皇皇鉅構、從頭到尾作系列有序之批導和澈底易幟換位之移轉者，則恐得以謝氏大著最為露骨，此吾所以不能無憾而總析其通篇流露之實情如上，由之且復因反觀其初立命題之未妥而當續為之思省解辨於下也。

(四)

在此，我想仍應先就自己閱讀的過程稍作一交待。不用諱言，我生平記性奇差，思言不敏，凡讀一書，必須隨時於重要處作出長短不同之註記或批語，以便日後憶述之有所憑依和檢證，否則前後情節，對應不來，莫能達致客觀理解與主觀意念之相續一貫。此番之讀謝書，在差不多耗去三週左右的時間，隨其大似畏譏避嫌式的蜿蜒迴旋、跳躍閃躲之筆程，載浮載沉地摸索探尋，直至最後一章之末節、才確實捉定他本來的用心無他，惟是要達到一個去己國而就他邦，以成其自快於極端新穎前進之企盼而已。姑請試審其「儒家圓教底再詮釋」一語之通義，顯然是在認許儒家之為圓教的定性下進行的：上半句「儒家圓教」是牟先生從先秦孔孟至宋明之周張程朱陸王胡劉諸賢，外加隋唐五代佛家各宗義理之比較，步步研發證成一個「體物不遺」的「圓善論」之轉語，自無不當；而下半句之斷言「再詮釋」，則理應是順儒家圓教原有之定性，作更進或更深一重之擴展推充才是的。因為「詮釋」二字，依中文的用法，基本上乃是面對一種既有文獻或思想觀念行分析解詁之謂；再詮釋，就是認為原義猶有所未至之重提新見以事增補也。這大概為從來學者就某項專題或成套學術進求更加完美、必備的一步工夫和共識，即使如近人之過份推舉為任何主題研究之方法之更重於主題本身而成的「詮釋學」，也不能不守此矩範！可是我們在整個謝書後續之各章節中所感覺到的，正是先則步步為營地作欲取姑予之假象的開放，然後愈說而狂氣愈盛地，行一手遮天式的興雲佈霧，把中國原由理性理想所衍繹極成之儒家圓教的思路，作毫無顧惜的易轍換軌，以滿足於西方經驗主義者唯物質欲求是務的現實享樂之境；更明確地說：也就是要拿海德格一派人之面對世界不求甚解，所幻想出來的無色無臭，亦非果無色臭的「存有論」，來接替或改變有根有據的新儒家、尤其是牟先生極一生精力闡發的在天為實理，在人為主體之超越又內在的真蘊，澈底給予蕩平芟夷、不留餘影，那有絲毫可稱為詮釋的意義在？不信嗎！請再看其主題後面吊著的尾語——副標題：「從『道德形上學』到『溝通倫理學底存有論轉化』」，不就清楚地透露了他意圖棄己田而芸人田的策略了嗎？

須知「道德的形上學」一語，除卻「學」字為表成套之範限以外，究其實義，原是個隨宇宙人生之有而有的精神性的大問題：姑不論西方哲學傳統憑知識理性了解或表達的意義如何；在於中國，則是由最早的《易》、《書》、《詩》、《禮》及《論》、《孟》、

《學》、《庸》歷經漢、唐、宋、明儒者不斷講習所共默認或推明維護的公義。至於「溝通倫理學底存有論」，則不過是近現代幾個自命不凡的德國學者不滿現實、不樂常規，卻仍復隨順著現實浪濤之翻翻滾滾冒出些自感滿足、又趁機招引或激起一般同型青年好奇而信從之新詞之撮合成文而已。並且就全書通體之旨趣看來，句子的結構，應該是「存有論」為主語，「溝通倫理學」為述語，而說為「存有論底溝通倫理學」才是。今乃可以反而言之，即見其所云「存有論」之本身之一無所有，而唯是依靠著現象層面既有的種種經驗性物事或概念之組織牽合、架設出來的一個虛擬的空殼子。如此說來，「道德形上學」之名言自然不用再提，思理也可置於打倒摧破之列而無悔矣。但是其後果將如何？且看現時全球各地青少年甚至成人之普遍不計利害、唯慾是縱，追求新鮮刺激：如殺人越貨、飆車勇鬥、弒親滅倫，浪蕩穢褻；極於政要高官，學閥佞人而僻執放言，欺惑愚眾，昭示邪枉，不以為恥之幾成風習；釀致橫逆敗種，憑藉恐怖手段，逞兇恣暴動輒戕害百千萬人之血腥場面，豈不正由此種哲學思潮之為其淹熄良知、清除顧慮導夫先路之所招召乎！

誠然，海德格、哈伯瑪斯、伽達瑪等與包括如謝教授一般的追隨者，在「存有」「此有」兩個互相鉤連呼應的主題觀念下，所進一步創發或施設的許多名相、語詞和議論，大體已極盡現象世界中、諸行各別留下的種種罅隙或場域，充份資為己見所望敷施之助證與發揮，例如：社會性的「溝通倫理學」、會談式的「互為主體性」、主觀語言客觀化的「語言說人」與夫追隨者有似水銀瀉地般之析述衍繹等等，都可是說得圓活美雅，我在初始接觸之際，固亦甚羡其蒐索援引之廣遠宏博，有若己所追之不能及者；然而當吾沉潛深思地一步一步往下探勘時，卻又不免陣陣感如刨根截莖之傷痛之來襲於心！由是幾經省察，乃堅信得原因只有一個：即在其惡性地切斷理論後背必有的、定然如此不如彼之超越的生命力之為操持運作或充擴的基盤使然。夫唯如是，所以儘管你說得如何天花亂墜，還不仍是一糰物勢機栝之盲目衝動，隨境遷流，並無貞固的人文意義之足稱；更何來「倫理」，或彼此「相讓並主」、「語言服人」等如理合情之實績可言耶？當然，他們也是十足地人同此心的，非必全無覺知應有此方面之需要；但在不願放棄自我首出、如世俗人之搶登金字紀錄先列的名位，遂強作聰明地把從來哲學家或思有本末之學者之通認作宇宙實體代稱的「存有」之辭，改造成不可捉摸的、虛懸飄忽的「存有論式」之蔽陷離窮話語以自張揚。此在普天同向、求為解決人生困惑的世情中，已屬難為理解的畸思怪想，而我們的一些自命前進先鋒的青年學人，卻也竟然毫不猶豫地隨聲附和、高唱去己就彼的「轉化」；即使如牟先生所為「良知坎陷以知物從物」的最合理的調和安頓，也全不認許而屢屢攻擊不遺餘力，真不知其究極之企望何在也！

(五)

說到這裡，我想也該在如上所言「人同此心」及多元認同的識量下，回應一下他們所亦頗具之正面理想性的問題，那就是有關人類「心身自由」與「社會進化」之用心和堅執。我們知道，這是通人皆曉，亦皆在追求現代化過程中之兩個發動機式的必要條件，而謝先生一輩之學者、尤其如本書所表敘的內容、雖未嘗作出明白顯著的論證，但基本立場之有在於此，而且強固不撓，則應是無庸置疑的。爾近數百年世界歷史之因其催督洗鍊，形成種種大利民生繁盛殷實的成果，例如：政治方面的民主制度，物資方面的科學營造，經濟方面的計量策劃，財富方面的富裕豐足，乃至生理方面的年壽增長，基因複製；太空方面的星際探索，年代檢證、距離測定，無不可說根本來自於企望心身自由、期盼社會進化之精神要求所達致的成果。類似這般掀天揭地、耀眼奪目的現實，自然得為人們之稱羨、樂受而競取。但儘管如此，我們仍須知道，就整個人生深廣度之全貌而觀，其為效益，亦只算得是現象層面中、多途分異下最淺顯近利之一途而已，並不能代表真實生命必得倚為存在之價值意義之所當全歸。而以心身自由與社會進化之情狀作判析，也實是各有局限的：比如就個人說的身體自由與心靈自由，便多有不諧；就社會說的文明進化與利用進化，便常相抵觸。而這些的不諧與牴觸，往往會帶來或助長人們意識型態之對立與相反相抗；其為厲階也，小則將致紛爭而災人誤己；大則足致戰爭而伐國滅家。此無他，實由初所倡議的自由、進化兩個概念、及為之建構理論系統之際，意識上都是執定為絕對無條件之第一因，未曾顧到它們自身本具利害相生或相剋之雙面效應，而當先就其可行不可行者以立取捨之標準故然耳。況夫人之動止趨尚，恒喜捷利而厭繁複——自由即便自由為止；進化但見進化便了，多不再管它們之是否正確，是否適宜。吾於當今世道中所見追求自由、進化之行為事實，正如坡地搬石，順勢下滾者易而多；逆向上推者難而少。易者則常以放任而致失墜，自召喪辱；難者則必存矜慎而致成功，人共稱許。所以同為自由、進化之理想目標，而結果竟得成敗、樂憂、甚至福愆之分異者，正以其初時之有無最高至善之主題為前導或總綱也。

於是，我們更復想到：如其果有關乎人生實然之絕對的自由與進化、則惟在道德為本之主體意志之運作下始可言，因為它們先決的條件，必須是仁義居心，既可存在地樂以天下，憂以天下；也可以毫無尤悔地殺身成仁，舍生取義。此乃見真正無對的自由，無待的進化。一般之專意於現實情欲之恣縱，物質之享受是求者，基本上是不能憂樂生死平等相視，而泰然逸豫處之的，故每多得之則喜，不得則怨，終且不至蕩檢僨事、危己傷人不止也。當然，其間亦或有如胡適先生所云「寧鳴而死，不默而生」之決心明志者，但那是由於面對一種特殊惡勢力或政治逼迫下無所逃避之激越表現，理亦只當及身而止，見好就收，不宜套入情結，牽連糾葛，禍延無辜。而且果如所言，則實已跳脫了現實利害的圈圈，進入道德意志作主之理想境域矣，而又何形上實在、道德主體性之必排斥轉化之偏取乎？此吾所以斤斤然以為未可、不得已於如上之重重分辨，蓋亦胡氏名言之另一方式（無待流血）之實踐而已！

㈥

以下為補綴之剩語：要在說明個人閱讀謝著之所感，及作成若干批註之用心，將按原書頁碼行別錄列於後，以證吾言之實有所由，絕非虛構，並供究問者之查對。先看其目錄編序：概分〈序言〉〈本文〉〈結語〉三部曲，重心自然全在本文部份，中間共列五章十七節（首尾合計三百三十頁），主副標題，雖皆以儒家傳統、尤其牟宗三先生相應中西思想主流、融通或迎向現代化世界哲學進程所創發的許多名言觀念為依據而立；但作者自為之內容主旨，則並非在此，而惟是借為批判轉化的口實或手段，以過渡到其最所敬服的海德格、哈柏瑪斯等倡言的「存有論」哲學為目的。如前所言，起先我亦幾被其頗似真誠的理性語言所吸引，而儘量按抑心情往下讀去，可是愈後卻愈感不適，所以從第四章二三節開始，便漸漸有了我審慎思考下，隨原文意理所至作成的長短不一之註記；並且覺得非常奇怪的是，何以作者所思所信者既如彼其在海、哈氏流派學說之奉持，而在為表全書重要導向之綱目——標題上卻竟無一字及之？直至後來重新翻省其整體之用心作意時，才恍然悟到他以一個讀中文系所出身的博士身份，忽然要走向澈底變東易西的道路，大概總有幾分難言之隱吧！今茲另為存錄，蓋以籍為前論未盡之補白。惟是篇幅過大，未便謄抄出相對之原文，而僅以能表區區鄙見為足。至於問題之凸顯，則因隨原文之所至而有，自必零散紛出且多難免語意有重疊，不成義理通貫之章節，則請讀者諒之！

二、分評（合共七十一條）

㈠〈序言〉部份（合計四條）

1. I頁十行以下整段

案：作者為牟先生下定義：認其不是西方型態獨立運思的哲學家，而是接近於中國注疏傳統的中國哲學詮釋者；也不同於今天典型的詮釋學者；而是仍然富含著「道統」的特質。從其所表露的語氣看去，顯屬寓有深感不足為道的貶意。

2. II頁四至倒數之五行

案：你說的這些意思，正是牟先生圓教之所以為圓教的本質意義所在。但是你藉牟先生所言「圓教」的名號，來達至自己宿素所崇仰、並企求別有所裁成的另類內涵全異、如繩索旋轉成圈可自外觀測的平面之圓，非可語於立體球形、而人各自在其中體察環視之圓也。看其所謂「符合於詮釋學法則」之一語，便可知意旨之所由來和依持矣。

3. III頁四至十三行

案：這段說詞，與其後來（本文）的論述，顯相矛盾，幾乎教人摸不着它的頭腦，或許正是其故作模糊的閃避和迴護。在此，我們也似乎可以忖度他的實意，翻轉過來講：難道在中國思想和西方哲學疏通的關係上，學中文的朋友，一定要有這樣彈跳式的省思才成嗎？

4. IV頁一行以下

案：觀其由前文意若認許的情態，忽然轉到正式歸咎儒門之顯言，主要的用心，就是在於透出他們所視為專一至理的「社會實踐」的這個論點來。

(二)〈本文〉部份（六十九條）

此部行文較長，問題較多，循序統編，大似雜沓冗繁，易致讀者厭離！爰隨作者意欲所至，著為要目數則，以別區段，庶幾情節分明，便於思理之掌握。

1.索隱踏賾，迤邐敷施，委心折志，入室操戈

(1)第一章一頁至第四章末了之二百五十一頁（概觀總旨）

案：此部份幾佔全書篇幅六分之五。章旨總題有關於〈宋明理學詮釋進路之檢討〉，〈牟宗三先生對儒家圓教的表述〉，〈牟宗三先生儒家圓教詮釋之難題〉及〈儒家圓教之重新表述〉之舉證和討論，內容可說極為豐沛，大抵皆正宗儒家學者與佛教宗派大師提撕諍辯或疏導的課題。作者以本來不很贊同，甚至欲予澈底改變或轉化的心情，而竟廣徵博引、分析介述得頗為詳密周至如此，可見其用心之深刻細緻，已達無以復加的程度。但隨其時隱時顯、或疑或述之文思語氣之迤邐迴旋而觀，畢竟不能掩其有如「山雨欲來風滿樓」的強攻巧取之勢。所以從四章二節開始，我便漸漸有了具體的不同意見之批註而且愈後愈加密切，最後始得終判其去取崇貶之何是矣。

(2)同上，二〇四頁。

案：看此上各條註解、海氏之流，似乎對人之為人的各種應物而顯現的機能（如視、聽、言、動之類），頗有異乎常人之精確善巧的析述（中國古代如荀子及名墨各家人物，也多擅長於此，但未構成一套侵奪整個哲學之理論系統耳）其自鑄之「存有」「此在」……諸名言名相，實仍為不能

跳脫前哲「超越、內在」，「主體、客體」之精神範域所設之別稱，雖可略見新意創發（智辯的），卻不必於人生存在與社會發展有任何意義上的加添，正恐不免徒增思程之煩累而已！

(3)同上，第三節二〇六頁下段起

案：這種問題，應該分作兩個層次而又相生相成的形格來論述：上層是本體宇宙論式的證會，下層是氣化行程之跡的描畫。前者為基源動發義，是形而上的；後者為承命踐作義，是形而下的。但是，當形上實體降身而為形下的物實現象時，自會有它別起之多元狀態；就此狀態而統觀之，亦似可有個合成形式之一元體。作者既無上下兩層意理之分，遂把氣化宇宙論者就現象合成之元，徑轉為本體宇宙論者必然生成之元，而見若對等並行之存有，因而便有這樣雙重宇宙論行程的疑難！

(4)同上，二一二頁起

案：這是既無球形圓極之體的觀念，又不知於中釐清上下兩層者之所構思。起原乃由：渾圇地強舉海德格「存有」「此有」之論，與天台宗「無住本立一切法」衍生的「法性無住」、「無明無住」的觀念相比附說下來的畸見；再引到牟先生依胡五峰、劉蕺山一系之明辨，所見「顯、密」二宗之教義與工夫，而任意隨己忖思以相湊合之大段混沌莫明的論述所結至。

2.全憑主觀臆斷，附會往哲意理

(5)同上，二一三頁（所引《摩訶止觀》論「善巧安心」一段）

案：欲解《摩訶止觀》善惡法性起滅之義，當先知得惡不得與善為相對之存有。明白言之，亦即善有心性為主之實體性，惡則無有，它只是因善之應事接物有間歇，而趁隙鑽穴所成之一件一件散殊零亂的物事。論者若不明此義，而輕為稱引，正難免於穿鑿附會、郢書燕說之誤。

(6)同上，頁二一七引海德格一段文

案：海氏「有罪責的」一語，亦可以甚至必須正面地思考說是「有善意的」。或說罪責，或說善意，實是從原始的無聲無臭、自爾呈現之體物不遺處，由我人（心想）加上去的。原始存有的非物化之物，只是存有，本不待另作有色有味的添增。但是由實有不容自已之人心，發出善、惡分明之判別，則必釀致可不可或對不對之諍辯。竊以為從「善意」的一面思去，是較從「罪責」的一面思去，顯然為可、為對，而應優先採掇的。海氏則肯定是從「罪責」的一面思去的，所以他的「存有、此有」的概念，講到最後，會變成恍惚一無所有或全無所是的懸想。

(7)同上，二一八頁八行

案：此處看出作者為反對牟先生超越分解之路，明顯提出海德格「存有」「此有」哲學之論，套上劉蕺山的一些不待言而未言之隱義，來作為己見之結證，也就是認定蕺山並無或根本不需要作什麼「超越的分解」。我在這裡卻也不免要問：你為何斷言蕺山思想中必無超越一面的體會或必然不能作超越的分解？難道光憑你的一番揣測摩擬的比附之辭，就可以把他拉離開整個儒家傳統之大向嗎？

(8)同上，二二〇至二二一頁

案：此上作者是把心性一詞，分離為兩個實質不同的物事，目的當然是在於配合海德格「存有」「此有」之概念作處理的，但都假借胡五峰「以心著性」說及「保合為義」的單詞片語來作論定，並且引了傳統儒家許多正視理氣不二、天人合體觀念中，一些可供偏取以證現實物用之詞語——如「即事明道」之只取其「事」或「即器見理」之只取其「器」的一邊為說，卻全不問「道」與「理」邊之何以能糾合於「事」「器」，僅以瞞天過海的方式烘托海氏「存有」「此有」之論。其實，「事」與「器」在中國古典經籍中是一義之遷就語氣文勢不同的表示，在理解上則常「事物」連詞，「器」也、「事」也，皆「事物」之具稱也。又何「存有」與「實踐」之必強分乎？

⑼同前，二二三頁

案：作者此上之大段的解辯，好像是硬要將胡子脫落正宗儒義為說者，而其依循之思路，則完全為海德格「存有」「此在」之意念是遵。五峰先海氏數百年生，又有中西地域遼遠之隔，即謂兩方思理全同，已甚奇矣；而復據彼以為此方之的詮，不尤牽強之太過乎！

⑽同前，二二四頁上段之末三行

案：不以五峰之說去解海德格，既已怪矣；而又將胡子言之明出自孟子，別作主張地說另有所指，果何用心也？

⑾同前，二二五頁五、六行

案：於此，果有存疑的必要嗎？就圓極之大宇宙架構言，整個是一周而復始、於穆不已之強行無殆的歷程，人在其中，自會感有上下層級之區分，且見為健動不息的存在——上層無形司創化，下層有形秉命行。而當下層既經成形時，則又自然可見為物物相生之氣化式小宇宙論的行程，通常之哲學論者，正多只就此層而言，朱子之謂「物物一太極」，適可推出多重之宇宙論行程，何止雙重！問題在應分得清上下之際限才行。

⑿同上，二二六頁倒二行

案：如實而論，虛空幻化就是有——有物之有，佛氏視之如黑洞；孔子但感如白塊。黑洞則須處治；白塊則利載承。目睹耳聞則虛空無何有；心感意會則幻化有非無。此形上形下觀念之不可廢也。

(13)同上，二二七頁二、三行及十六行

案：這是以海德格「存有」「此有」之詞作論據所泛起的疑慮；然而我們也可以反而問：海氏之論果是絕對地不可再疑的嗎？真正的問題就出在所謂「不一定要將心理解為本心」之一語，而惟海氏「此有」之說是依。

(14)同上，二二八頁上段

案：此上之論，通在以性、氣不分為主斷，義則取海氏「存有、此在」混元一氣之見（「混元一炁」為俗世道教人士描述或稱揚神仙功化所至之語）；又附會於天台之「性具、理具」說而異其解。

(15)同上，二三二頁

案：海德格「存有論」哲學初起時，據說一般哲學者都以為難懂。其所謂「存有」「此有」之基本概念，大多是各依己見為猜測。今作者依天台「一念無明法性心」及「無住本立一切法」衍生的「法性無住」、「無明無住」，配合著胡子《知言》中的「同體異用、同行異情」，然後總歸於對海氏「存有、此在（有）」之推斷而執為定見；以翻轉或破解牟先生

（亦即整個儒家傳統）所為形而上的超越實體與形而下的現實物情對揚之論述，不留任何餘地予以否定。此即其上來不厭煩瑣地重行強解《知言》全文之用心所寄，難道果已竭盡了人間儒學絕對可信的真理嗎？事實上，我們細審胡氏及其後學者之整全的思路，實未必如此褊窄也！牟先生之說，縱或稍有未恰處，你不可因此便小題大作地扭曲他那融合超越與內在、主觀與客觀的正向，而轉至一無肯定之他途去！且看作者以下三點的表態：

⒃同前，二三四頁上段、下段及二三五頁下段共三處

案：①此上作者一段自表之文，正是其從自認為是的海氏論旨下、衍生的好惡而固執地強加諸胡氏、並以非議牟先生者。②處處別出異見——詮釋，硬要把胡氏其人其學拉離開傳統的超越又內在之系絡；究竟是胡氏果有海德格所謂「存有、此有」之概念，還是作者依海氏後起之說，強反諸胡氏以說者？讀者於此必須有個明辨才是。③此段文字，語氣上好像表現得很是有力，但就其欲說的實際義涵看，則極為模糊不明，總括一語，就是先有海德格「存有、此有」之成見存於心，便再也不能允許他說之悍然的表示。

⒄同前，二三六頁下段至二三七上段

案：牟先生之申釋，也許真有些辭繁不殺，但從形上形下義分兩層之剖析，則絕無可議。作者因有海氏「此在」先入之見，便根本不作「本心」與「情才」之分，無怪處處有此

等之扞格。蓋由其「存有原本就恆在歷史的向度中解蔽其自己」之一語，便明顯地表現其一體平鋪、無有主客內外之義理分際者也，五峰而豈果如此其執著歷史唯物之見乎！

⒅同上，二四〇頁五行以下

案：作者此下一段說明文字，思理上太嫌糾結混亂！由其所說「因利欲之間而見的良心，完全不必從本心義上來看，它只是『此有』之是否抉擇其本真之自己……云云」，語脈上顯然已見得一發於「此有（內在）又超越此有之更高更深的「存有」，這本是傳統儒家所謂之天性良知——天性是純粹的存有的形上實體；良心則是兼具形上形下兩重之體現或實踐：形上地說，它是與性為一，而其發用則必依形下之材具功用然後得顯。是故古聖賢一方面是「心性」連詞或異地而同稱；一方面又視為因應現實需要而雙具二稱之名份。作者執著於海德格基於歷史唯物觀所創「存有」「此有」一體平鋪之意念，便整個揚棄先儒兩重存有之見，卻仍要藉胡氏〈知言〉之篇勉強其解，且謂「不能依孟子四端之義來說」，故有此等不知究何所云的顢頇之言。

⒆同上，二四一頁六行起

案：既以牟先生之言「甚是」且「相應」矣，而又必另取別途以異其論，即見其先已執定海氏「存有，此有」之成見以為主斷也。執定海氏之見以自信或奉持，是學術多元範域下可以允許的，但若必視之為準則以數落牟先生（或他家）之不是，則大非所宜矣。

⒇同上，二四四頁上下段

案：上段可說是抹去兩層存有中，心之可上下感通而見的平鋪硬板之論。這恐與清初以來主張情欲與性理無分如顏元、李塨、戴震、焦循等之餘音同調，未必果是五峰思理之正聲也。又：綜觀所論，實似在把宋明儒學，從先秦孔孟正宗儒學中拉開來講的，其為思路，正可從荀卿、董仲舒、楊雄、王充一輩之說，尋得藕斷絲連之淵源。不過，議論上又加上一個德人海德格「存有、此有」之見以為資助耳。

(21)同上，第三節附註之十二條二四七頁

案：把存有之為「存有」的名號，理論地集結或精粹化，便成就了所謂超一切他稱之神的更進一重的「存有之神」。其實，像這樣神化的進路，儘可已達無可為加的奇巧之思致，而就圓極上下層之分際言，仍是屬於下層現實境域之事，並未進於天人合一，上下貫通的充實完滿之全備於我之終成，因為這本是堅持唯物史觀者必然不可或免之限制也。

(22)同上，附註之十八條二四九頁

案：作者引舉劉述先論蕺山偏離之言，而不以為然地說「蕺山之性體義仍不折不扣是超越的，減殺的是心之超越義」（此中自有其為蕺山與海德格同觀並說作辯護之意在，惟義須另起，且極複

雜，茲不及詳）。究其實際，正是承續清初顏、李、戴、焦等流衍之基本情結——反理學而一歸實用主義是認，卻又不甘自居卑淺而仍嶄向超越之精神境界，遂借海德格「存有、此有」兩個由哲學思辨擄獲的不可分說的名號，來作性理或顯或密之析別，以致蕺山學之超越、內在二義於濛混不明之地；然後再將心在現實活動中之超越地均持運作的大用抹去，而見其僅為現實中可上可下、不善不惡之工具性物事，以營造蕺山學專一或偏傾於性體論述之形像，並謂其未脫略於宋明理學之線索以外。說東道西，時左忽右，確實令人難以為思！豈不知就人生宇宙之全程而觀，心性之為名義及相互關係，根本是兩不可分的：蓋因在人為具體生命存在的意義下，必然不能脫出精神意志的規範或支配，而其象徵或代稱的名號就是性與心——性為靜體，心為動源，兩者交相為用，始得成其價值理想的人生。在於學者之論述和操作中，若是言性而不及心，則靜為呆靜；言心而不及性，則動為濫動。從來儒家聖賢論人，由孔孟開始以狂、狷、中行為別：「狂者進取」，是心之自由的表現；「狷者有所不為」，是性之正定的表現；中行者，則是充盡心性全程而為「中立不倚」之表現，總皆屬於不脫內在而超越的義理之實踐。後世學品攸高之大師，固有明主心言，如象山、陽明者；亦有明主性言，如五峰、蕺山者，乃其晉於道所依持之異緣有輕重，絕非言性則必距心，言心則必斥性，或更積極點說，也就是舉性而言心在性；舉心而言性在心，兩者原屬一體之二面。世俗之論者，或有因心之應物外顯多方，而視為血氣之用，卻忘其發而中節之良知與良能；亦有因性之端已內蘊貞一，而尊為道義之源，卻忽其主使合理之至行與至功。我看作者對蕺山之學，只認其性體是超越的，心則不許有超越義，正是犯了這兩方面的訛誤。而基本用心，則全在於要藉蕺山的無心之過，來為海德格「存有、此有」之說張目，並以完成其中國哲學——儒家圓教轉化之目的。故明言猶覺未可，暗示又意難為申，乃有如此其東閃西藏，教人不可捉摸之怪說也。

3. 統依海德格套語，對反牟先生思想

(23)第五章一節二五四頁以下

案：此下大段表述，是全章明白對反牟先生本於精神理性研發建構儒家圓教，要予澈底改轍易軌之強震。其前數章、架空議論所蘊蓄的氣勢及鋪陳的資據，實皆此第五章各節將行正式攻取的預備，在作為評比所依引的許多原始文獻和思理（無論東、西），牽涉雖極豐廣，總旨則無非是不容分說地要結證到海德格「存有、此有」之論，以終成其去此就彼之決意與決心。這是我們必須了解和把握的根本問題，不可隨其東搖西擺，飄忽幌盪之讕言而模糊混過的。

(24)同上，二五五頁中段

案：將意識哲學、轉向於語言哲學，是哲學之為哲學的進程中必要的嗎？說「語言是由存有所給出」，又反過來說「存有安住於語言中。」這種說法，正如儒家依道德形上學說萬物是天理所生發，而天理亦即在萬物中顯現，是一樣的道理。但存有論家，卻絕不認許道德形上學，並說「是明顯放棄了意識哲學任何實體性的。」那麼存有究竟是個什麼意義的存有，而語言之為哲學的基點，又成何等樣的價價？

㉕同上，二五六頁上段

案：不謂人說語言，而謂語言說人，通常的看法，是規限人於語言之域，是褊視了人的存在意義；但海氏之意恰好相反，卻是要升擴語言至同於「存有」之境界形式的位階。也就是說：語言不作人與人間實際傳達或溝通意旨之工具看，而是抽象地提高或推舉為代表實體的主宰性物事。但說它為物事，又並非依價值意識所透出者之有實義，而是惟現實之是或有什麼、即肯定其為什麼之平面的認知性，在迷濛混沌之活動中所投射或幻現的影子。如是，則實際現存的世界，固不用別立個是非善惡的標準，以免自由如實的生活流程裡，另外泛起無謂的爭端異議。這說來似甚簡便明瞭。可是，當我們面對具體繁複之人文活動作安護或處理時，豈能全無對錯然否的價值論衡？就如海德格及其後學輩新出的「存有，此有」，「語言說人」，「溝通倫理學」，「互為主體性」等等之造語，也正有其自以為是且信得人可同感的定則而後成立的。否則，不僅「存有」的宇宙形相，無超越與現實之層級可分；即「此有」之當下的人生，亦不能為自他彼己、是非誠偽之判識矣。

其實，海氏之要更立個「語言說人」的畸論（底子上實是基於唯物史觀的決定），正是因為人若果由其「存有」「此有」之說，思解下去，在於邏輯理勢上，將必然導至全無自我為懷之主體性可言（現代人之常見不為橫逆狂放、恣縱物欲；就是自殘殘人，毫無顧惜。恐皆不免此類學風之影響故然），乃復如戲作般將人皆能為的語言體物化，且推升到「此有」（人）之上，以達至或滿足人在「此有」之分位時，仍有期盼高尚自尊的虛榮感。於此，我們即可見得人——包括海氏本人——之原有求自現實中、跳脫至超越存在的本然心向。是則凡其所為異常可怪之立說，目的只是為立說而花巧地立個說法，藉之炫耀於人且以護持其唯物是崇之意念而已，並不在乎解決什麼真正的問題。不知本書作者何以會信得如此其堅定固結也？

(26)同前，二五七頁之二行

案：以實用功能為主之語言抽象化、轉去轉來，最後正式取代或定稱為「存有的家」，只不過是唯物論者自說自話的巧辭，實在算不得什麼「名言」，作者則硬要神化其說，卻於自家固有的天理即在氣化流行中顯發，因而氣化亦即如天理投宿的舍館的灼見，則竟鄙薄而不一思及之，豈不怪哉！

(27)同前，二五八頁

案：海氏之說誠巧辯矣，全屬邏輯思理下之機變細膩的運作，總是不識宇宙全圓之偏取下層的、無根的戲論，可以逗得一些聰明自命而無真見者之附議。其去智慧神解之境也遠矣。

(28)同前，二五九頁

案：天台乃至胡五峰、劉蕺山之理性無住、無明無住，乃是就現象（包括時間空間）中之可有或可能的變現之徵驗而言者，豈可視同無實有善惡之分的語言之表乎！

(29)同上，二六一頁

案：此上一段原文和申釋，確是甚為深刻，乃至可說精闢的。但無論如何，總是現實經驗層面的深刻精巧；並未能進入或達至形上超越層面的義理之所是。這不是經驗論證所可能完成的。要須別具宗教精神，即如儒佛道耶回等聖賢教士，對於超越理想之堅執信仰，終身踐履奉持而不可稍懈，始能見其成功，絕非遊走於經驗現象中的強思逞辯之所得至也。在這裡，我們或許亦可換個面向來看：海氏雖說是個澈頭澈尾的唯物主義者，但他也自然有其企望得在超越的形上實在道途中佔個一席半位，以示不俗的意態，所以其言思進路，竟多不同於一般唯物論者之死硬的風格。以是，故能帶動若干自詡聰明之士的信從，而不覺其身之實已成陷溺莫拔也。

(30)同上，二六五頁

案：此上各段，無論是引述海氏說，或作者自己的致疑、解疑說，皆可說思則婉矣密矣，辯則詳矣巧矣。但總不出現實經驗範疇之事；無關乎超越領域的精神生命之安護。

(31)同前，二六六頁中段

案：這裡所謂的先在之先，是本在之先，不當作臨時、臨事安排之先看。這裡所斷言「是」與「不是」之分，值得細審；我看其用語之基調，正是立足於現實經驗層面的。

(32)同前，二六七頁下段

案：「大智若愚……」之類的語意，真有必要如此反覆致辯而後可解嗎？我們如果以精神和現實的兩個層面作觀照的話，即可充份意會於心，而無任何之扞格。當然，這只是神明之用的說法；此外，人亦實有以知見為能事而窮極「智測」之活動或需要者，是即作者所以不厭煩瑣而反覆窮探之由也。此雖不可謂不是，但應知其基本立足點是現實經驗層面的，不可執此以炫巧辯而不認有更高層面之精神實體為主導也。

(33)同前，二六八頁

案：海氏「語詞崩解」之說，可否更據孔子「予欲無言」之意作解？不過，孔子之言，是有超越之實體——「予」作背景的。照作者前此所為的種種介述，海氏似乎根本不許此義，而作者本人且堅信之，是所以於牟先生之立體球型的「圓教」之義，深不能契；而欲另立無色無味、無體無實的圖畫式扁平之圓以自足也。

又：天台本「依他住」而言「即」的觀念，吾〈明道歌行〉（刊《鵝湖月刊》三二二期）中以眾生粘附無始無終，如如自爾呈顯之物的說法，恰正相通。蓋彼歌行首言「先天有物」之「物」，本是全寄於一個虛稱的空名之物，天台之「法性無住」「無明無住」，即認得「法性」與「無明」是人所粘附上去的，故兩皆曰「無住」。無住也者，即原本物之兩皆無有也，但又以無明之偶住為「在迷」；法性之偶住為「在悟」，即其以迷、悟之分置，作了應有超越的道德主體之表達與肯定。作者利用臺宗之說，來為海氏無色無臭的「存有、此有」畸見護盤，卻又不知其實有超越的道德觀念之蘊積於中。烏乎可也！

(34)同上，二六九頁《摩訶止觀》一段

案：智者此說，即吾《明道歌行》中「先天有物渾然呈，無始無終自爾存」及「黑場本來非覺體，無有是非邪正藏；一經粘附眾生類，便成罪惡滋漫鄉」諸句意之所由立，那是通過儒佛同異對應而言之辨析語。智者大師是依佛教傳統黝黝黑洞式的無明緣起而為的洒然脫俗，不著痕跡之靜（止）觀說，其實，他的存在之本懷，仍是有其超越普遍之實體性；如至善無惡的慈悲大願心作主的，不似海德格之純然為哲學而哲學的馳思騁辯，而於世道之是非善惡無所關心也。

(35)同前，二七〇頁

案：作者此段詮釋文字，也多是蜿蜒曲折地增加了許多自己的意見（看法），來代表甚至修正臺家原義者（他前在疏解五峰〈知言〉一節，即多取此種方式，但又常以此方式為不是而屢責牟先生）。以「詭譎的即」一語，解臺家之「即」義，似為牟先生所首創，作者用以別申己意，卻不見有所以要別申的任何交代，亦似非真心為學者之所宜也。

(36)同前，二七一頁上段

案：看上來至此一段文字（包括以前許多段之論述），實足令人驚詫且費解！明道（程顥）是整個宋明儒學興起、最具綜合或概括義理系統開發性之代表人物，其思維及生平行狀，正充份顯示或落實於形上形下，亦即超越與內在兩層義境合一之體現，所以他自己處處都強調「一本」說以示最高之原理所在；而牟先生亦因之以為最充實飽滿的「圓教」規模所當歸。作者好像只看到他所同時重視內在於形下的血氣生命之現實情境，而置其另邊之形上超越，且實為主宰義於不睹不聞，遂據海德格之扁平式的「存有、此有」之非體非實，而杳若無形可說的奇思異想作比附，並以否定牟先生兩層有論明白昭顯「天人合一」之通識。則更教人不能不為之驚詫而費解矣。

(37)同前，二七一頁下段

案：儒家圓教，豈其必然當如作者取消心性合體之超越義，然後以單在現實活動中所見之「心」——「此有」，附著於非體非實，扁平泛濫的曚昧無歸之「性」——「存有」，始得謂之圓教乎？則所謂圓者，以何為內容；所謂教者，以何為主導也？是真虛無懸盪之極論也。

(38)同上，註①二七一頁倒二行

案：由「意識哲學」轉換到「語言哲學」，儘管用最恕諒的心懷來思考，也應該只是一種哲學方法的改變，並無關於哲學本義或內容的辯證或推明。今乃有人借詮釋之程序和意圖，各以專屬之哲學名號稱之，則是完全泯去二者間原本分具之獨義，而可任人隨意棄此就彼或易彼代此，致使一切深沈嚴正的哲理，盡成淺陋浮泛的思想遊戲罷了！

4.高揚海氏流派畸說，淺估儒家圓教雋義

(39)第五章二節，二七五頁上段

案：作者在此明白表示了海德格哲學與儒家嚴整的道德意識極不相契的，但他總是一廂情願地想要「由海德格哲學引生出一套足以相應於儒家倫理學」的結果來。下文就是依著這

個主觀而重要的思考路向，行婉轉繁複之不倦論述也。

⑷同上，二七八頁上段

案：立基於「人類興趣」之點線以順通知識、成就知識：仍是屬於千絲萬縷的現象層面思項之一，是走的橫攝廣引、無邊、無際、無收煞的漫蕩無歸之路；非可比於直貫完足，執一御萬，成始成終的究極圓滿之化功。何況在於客觀世界的實情中，人類依各別興趣生起不同企求的橫攝廣引之思路是相續不斷的，則個個人之各自投擲其思行於中，勢必與別起或繼起之異向殊旨的思路，即使不至矛盾爭鬥，也會如海濤般之興滅不定，永無寧日。果爾如此，又如何得與儒家哲學有本有末、共成共濟之理念短長相較，你且為何一定要抑此伸彼、乃至以彼易此呢？

⑷同上，二七八頁下段

案：以康德之依超越理性建構的那麼思精體大、完備周密的智思系統，卻也不久就被哈伯瑪斯的「溝通倫理學」所取代（依作者之見是如此），又焉知其後（很快）不再有別出之思系來取代哈氏者？由此即可斷言，凡從現實經驗層入手致思者，是永遠靠不住的。你又怎可憑一時興會，放言改變或拋棄儒家歷經數千年未墜於地之傳承呢？

⑷同前，二八〇頁二行起

案：看作者此段介述的哈氏「溝通倫理學」，好像真似言之有物。但是，我們必須注意，他之證立「先驗語用學」，是由於早已假定了一個「普遍化原則」，換言之，其為原則之有，是假定的，是就其既有之後而隨和地有之的，並非任何更高位序如中國先賢所言「天命」、「道體」，或康德所言「物自身」之為創造性呈現的有。這就是唯現實物事是向、而不必及於超越的道德實體之求之基本原因所在；也正是大多西方學者習慣地作學問的方式或限定之故。我不知何以中土學者竟亦不思故家所有，而死心塌地信持彼說不悔。其實，人之從形而下的現實中，跳脫出來透至形而上的超越實體之驗證，明明是高明又中庸之道，何必定要效西人，且極近唯物論者一以排斥詆毀他人為能事之嘵嘵乎！當然，若利其已見可取可行之善思善言，以增益吾之知見、助成吾之行事者，自又當為別論。

(43)同前，二八一頁

案：所謂「溝通理性」，只是純善理性下一個因應物故（如一切公眾事項、公共關係）衍生出來的分支流派，絕不可徑以取代純善理性的全稱地位，因為它無有必然如此不如彼之「定言令式」的主導一切向善的力量。至於「互為主體性」一語，正可見各個主體間有個共許的超越主體性之在上總持著，不過祂是無私無我、大公大善，屬於道德本質的。

(44)同前，二八三頁

案：此一作者之申言，及所引海德格、哈柏瑪斯原文，辯固巧矣深矣，但以之為「溝通倫理」之應用於與人作交涉之實際活動看，則只見其惟是固執己見（即不許有超越彼此之上，促成彼此揖讓為禮之超越的共體）之便給自騁以矇人，因其主要論旨總無有融通主客觀理念於一致，而使人信服之壁立萬仞之實力在也。

(45)同上，二八五頁

案：「本真」一詞，含義可有多重：內容地說，應是指超越的道德本心，可以自覺地作一切相關之決意的；但若僅依詮釋語言中一項運作的詞組自身來看時，它卻只是某些個別有定指的形式的表示。在於這種形式的格範下，本真也可有運作者個人或某些人所獨認的內容：如唯物論者堅決奉持的那個「物實」，而視之為最高至要之「本真」而遵行不渝（他們以為這樣便是實踐），終至於任所欲為，毒害天下而無所顧惜。海氏、哈氏乃至柯爾柏格等本人基本上既都是唯物主義者（近世西方學者大多有此底子），則其所視為「本真」者，自是指那形式意義下的「物實」之本真，但又戒懼某些乖戾之徒（如希特勒、列寧、史太林、毛澤東之流），利用或信為「本真」之名號來為他們的邪說暴行作掩護，遂把「本真」之義，通歸于「形式」範疇作解（詮釋），而不復問其「內容」之如何？於是，其原本厭惡乖暴之徒妄稱「本真」之情，不分皂白地移轉到一切有真實內容或義理自持的思想與實行者之所言所行，概視為一廂情願的「獨白」與一意孤行的「獨斷」而盡反之。是則為不知自身之已陷一窠臼之更深更嚴重的盲目狂肆之獨白獨斷矣。

(46)同前，二八七頁

案：到得這裡，可以徹底了解作者及其所崇奉或信服的系絡中人物之基本性格，是對於凡具有或稍涉及超越、形而上的理性思想之學說或學者，都在其決裂而毫不留情的否定揚棄之列——包括一切唯理、唯神、唯心、唯物信持者俱是。雖然他們自己確是十分唯物論者，但對與他們本屬同道，卻未能合乎他們所講「存有」「此有」之理論法則——即現實之有什麼、是什麼（存有），就切實的說什麼、做什麼（此有），而總要拿些非非之想的東西來做托辭的共產主義者，也一樣給予無情的否決和否定，更莫說與他們全不同調的中國儒家唯仁義為尚的說統了。如此一來，他們就全不能有哲學之歷史可說的，而是自我開始的無頭或斷頭哲學者。他們的思路，是僅可說個純粹抽象的「存有」「此有」的不可捉摸的渾淪印象則已；最具體也只能說個多頭的「互為主體性」與無有能主其事的「溝通倫理學」罷了。他們所施用的功力，看來很是深刻而艱鉅，實際則不過是藉作自己內部結構的強調、掩護或張揚而已！不可能有什麼客觀的貢獻和作用可言！

(47)同前，二八九頁

案：此間所見的「本真」或「非本真」的名義，前批已明。而所言「良知的呼喚」，當然與儒家之用義不同。儒家的良知，是居於超越之上位，它之降格以成物，可以謂之「自我坎陷。」海氏的良知，乃是在於為絕對唯物的本真，從外加入價值意味的提升或安排，與其自身之是否真為良知，並無關係。所以凡信持海氏這種所謂良知之意理者，總不知牟先生所言坎陷之義而群起反對之。又：良知之為知的表達，宋明儒原有以「覺」為定義說者（如程明道、謝上蔡），何必海德格之以「語言無聲」之表達是取呢？

(48)同前，二九〇頁中段

案：如此（關於海氏流派說）反覆盤旋式的問答詮釋，看來似是周密之至，但對原文真有所明解或必要嗎？實則只是作者本人胸中自有許多溪壑或糾結，又不願放棄既已投置的信念、所作的掩飾遮護而已。下引海德格一段本文，也正是反覆迴旋之辯言，目的也只是要把人帶到他那苦心設計的唯物黝黑的深坑（「存有、此有」之泛論）中而永無悔怨也。

(49)同前，二九一頁下段

案：海德格基本上是信持唯物的，介述時，自應取物理物實的機率法則以說，但他卻處處採擷唯心或唯理，唯神論者慣常循持的方式來表白，實是襲他人順理成章之長，求飾自己悖理而說之短，違情逆性，當然令人難懂。作者則偏要投懷送抱、強作解人，究何為哉！

(50)同前，二九二頁

案：上一段文字，是作者為海氏以玄學的方式講唯物論不通，而反覆地所作的回護。再看下段首先一語：「假如上述說法可以成立的話」（其實多處表示此態），是多麼地自信不足！因此，解說總是左搖右擺、東突西竄，最後總歸于海氏原本就是恍惚言之的「存有」「此有」之維護或代為作嫁而已！

(51)同上，二九二頁下段之八行起

案：這種說話，豈不正是形上學家慣用的論證語言嗎？海氏及作者既強烈反對形上學，而又採形上學者論證形上原理之語言，豈不怪哉！非怪也，而是凡涉深微思理之論證者，不能不取形而上的路數；亦非形上學有什麼外在的魔力逼你非用它不可，而是你心中本就有其看不見、摸不著的超越而內在的形上實體觀念使然耳。用它而又反乎它，所以不得不別出一些大悖常情的名詞語言來敷說；甚至即以語言代表客觀實體，而循邏輯理性之要求立個「語言說人」的荒誕不經之說。

(52)同上，二九三頁上、下段

案：說到祁克果的存在主義，它本是有超越實體性的上帝——神學作底子的，海德格有嗎？作者也承認有嗎？再看「保住其道德的理想性」一語，豈不明指著人皆有所謂的內在的道德主體性？就此直言人生宇宙的本質，豈不簡易分明！何必反反覆覆，曲曲折折，儘說些非常怪異之論以惑人？

(53)同前，二九四至二九五頁以下

案：此下數頁蘊涵的基調，大都是承上文點到的「哈柏瑪斯依語言典範所建立的溝通倫理學」（見二九三頁二段一行）一實務而為的多重論述。本條將概分若干細項作評註：

①二九四頁八行，拿胡五峰之說來佐證己說，方法上是可以的，但拋開五峰本人自認源於傳統儒家的義理思維脈絡，致其若為突起的孤立獨體以遷就己說，則大不可。

②二九四頁十四行，這只是邏輯地通得過，而非義理內容地講得通。不通而強為之搓合，全落在外環似的溝通倫理之作用上說話，全無關于主體之為道德實踐的工夫義，遊戲之論而已，何益于人生本真之呈現？

③二九五頁二行，不自認有內在的道德主體性，而又處處流露自為主體性的主觀制式的道德語言——自唱自和，於義理何可通乎？

④二九五頁九行以下，完全自說自話，把真實的道德主體性，當作邏輯論證的實驗藥劑而已，如何能說為「圓成儒家圓教……的哲學論證」？

⑤二九六頁下段，這番說詞，如果只就相對兩造意見溝通，以達各為自我表達之目標

言，是講得通的。但須知道，它僅是彼此在語言表達上，各自申說己見的一個有實用性的方法而已。至於兩造相對了解彼方語言之後，是否能取得共識或同意的一致行動，則必須有更高的義理為拱心才行的，這也就是孟子凡為論辯必以心性本善為前提或結證的絕對不可破解之路。不然的話，即使兩個對辯之人，且常有終不相諧之事，況以對天下萬千之人乎！蓋惟以善服人，天下始有是非對錯之可言，這是非對錯的判定，正是由善性良心作主的，無論是社會達士或鄉野下民，都是能一觸即知其真理之所在。

(54)同上，二九八頁

案：此段文字，像是從二七四頁以下，即綜第五章四節全部內容做成的一個小結。立場自然是完全本於海德格「存有」「此有」兩個難為定言，而實屬強烈表徵唯物主義意識的名號，來對牟先生依義理原則開發的儒家圓教進行多重質疑甚至澈底摧破的；但又似乎因為自信不足，而在這裡借片言隻語，反覆重繁地作洗脫式的表白，都不免如老王賣瓜的架空之勢，教人摸不著頭腦！

5.歧離、訛誤牟先生各個立言之分際與正指

(55)第五章三節、三〇三頁倒四行

案：在本章開始一段，作者先是認定牟先生一生，因為要通過「辯證的坎陷」來銜接儒

家和現代化主要內容的民主科學，而在哲學上堅持「一心開二門」的終極關懷，表示他的輕蔑不值，而假設地說了「抽掉了這點」將如何的意思。我們實在感覺到他對牟先生所為學思言旨的徑路，完全沒有進入狀況！此固不用為牟先生的個人成就作辯護；但須明得人生存在之在「天人關係」中的主導意義，所謂的「這一點」，正是最最重要的；明白言之，也就是在當下之主體實踐中理應念念不忘，必須開顯出來的最最正確允當，充實完備的一條光明大道。你卻隨意輕擲地放言「抽掉這一點」，可見根本脫離了真實的主觀體會或實踐，而惟外在地作與己全不相關的客觀思考或辯解的一句話，只是外觀的哲學常識或知解的語言，與中國傳統所謂之道學，實學，相去固猶不知其幾何也。

(56)同前，三〇六頁七至一四行

案：如果我們只是問，原來西方形成民主與民主之現實的過程，它當然不是由自覺地從道德理性運用地轉為知性理性之所成就；它是原來至善理性之在潛藏狀態下為外勢所逼出來的：因為他們之文化的原型，一開始並未著在內蘊的道德理性上措意；而惟是基於外向的知識理性上措思的。如今從世界全面的認同或必須的共法去看時，也實實可知他們原來是必有此層「為而不恃」的意義隱伏在上的；而中國文化在於先肇時期，所直接表現的，就是把握住最上層的義理，徑直地為生活內容之保固而盡心致力的，所以一向是由個人之道德意志，去擔承修齊治平之大業的。就行事的層面講，雖然有啟承操持的完整一致性，但成就的業續，則未免於褊窄。及其相接於西方自始即依絕對理性下智性發展出來的民主科學文化，便深知有兼收並蓄，以充實或擴大自我境域的必要，但要從先前之無有而進於有，自必經一過渡性之轉折，而此轉折，既仍是超絕地德性之自覺的決定，故牟先生定義曰「良知之自我坎陷」。坎陷云者，即充份意識到有個超絕自我之紆尊降貴以為之也。就文化的層面看，可說是無中生有的，所以又要切實地「開出民主科學」方能算得克竟其功。在這裡，我們只當問開出的民主科學，是否為真正的民主科學就可以了，何必要求其出現或實現的過程，一定得東西方完全同步呢？

(57)同前，三〇七頁一段

案：作者永遠是停滯在認知活動和經驗事象的層面說話，而無超絕理性、道德理性方面的關心，其為如是之說也，固然矣。但也就在這裡，我們可以看出他前面多處本於哈柏瑪斯所講的「溝通倫理」，好像只是要在「溝通」中說服別人或責讓別人，絕無虛心肯定或接納別人意見的餘地。蓋依理而論，凡有關於他所稱引的近代或當代學人以及其自身，天經地義都應是溝通倫理範域中與人相互溝通的最為合格者才是。可是我們仔細審察，終於只有他們所崇奉的海德格、哈柏瑪斯、加達瑪等實地創獲新說的少數幾位，可以有條件、夠資格去作使人心悅誠服的溝通，餘則全在否定排斥之列；即以對各家既有之學術思程而言，也都惟知識……社會……歷史唯物之論者是許，幾見有包容他家異見者相與溝通的雅量？最具體的例證，則莫如對牟先生依道德理性之一切所說，皆必排距貶抑之不遺餘力：如在此處便硬派他（牟先生）個「以如此強的方式說理性」，將會「妨礙和一些經驗科學對話的可能」之專斷的形相；卻絕不反省自家人之常以更強的方式說他們所獨鍾的不可捉摸的「存有論」之如何，是又何其寬己嚴人之不平衡也？

(58)同前，三〇九頁三行起

案：此下明顯可見，作者是根本不知或不承認有什麼超絕理性之為超越運作之意義的。他執定海德格憑空立下全不著跡、毫無依傍的飄浮漫蕩的「存有」「此有」之名號以下，就再也找不到別有所謂理性運作的功能，於是，不但對康德順西方傳統哲學演繹出來，且講得那麼透明的實踐理性、知識理性視如無物；即中國數千年固有的極著成績的精神理想、道德理性，亦予一筆勾消（當然，他們既不認「存有、此有」世界之有理性在上作主，也就可以自由地這麼做且言之無愧了）。但是，我們也要問：你們一向是認定並主張「此有」的世界是多元的，那麼事實上康德的超驗觀念與儒家的形上精神實體觀念，儘管你可以不贊同，卻也至小應該視為多元現象中之一件，何以只有新近由海德格及其系統下冒起的「存有、此有」等之命題是可允許的？這豈不更是「獨白」的專斷嗎？再退一步說，無論康德的系統也好，儒家傳承的系統也好，都可以有、甚至當然地有包容其他一切相對系統之雅量，最多只是要從本質上辨個價值意義之高低大小而已。而秉於海氏系統之說者，則個個都強勢到和他家作全盤的決裂否定！又何其全不自思、自省、自量之甚也！

(59)同前，三一三頁四行以上

案：以上幾段對李明輝提及「責任倫理學」的駁辯，大都是只見人非，不知己短，有如削尖腦袋往前鬥人，卻忘了自己也正顯示了同樣將被人鬥的尷尬。試想，像他這樣反覆跳躍、不著邊際的自說自話，假如別人要用同一的方式還以治你，你又能作如何更好的對應？豈不將是永遠糾纏不休嗎？

(60)同前，三一三頁五行以下

案：這一大段意思，作者說得非常自滿，好像有借人之盾、防人之矛的效果。但根本的問題是：海德格、哈柏瑪斯所以持說的基本立場，是否與牟先生一致，或至少沒有本質上的衝突才行的。依我看，作者以前各章節斷續推介海、哈二氏的這一些論證——如海氏的「存有、此有」、哈氏的「溝通倫理」等觀念，似乎和唯物主義者論旨密切相符。尤其是去除心具良知主體之大向，是與牟先生平生堅持理性的理想主義絕不相容的。你如果積極地採「以子之矛、攻子之盾」的手段，則猶不失其自我特質的風範；今乃反其道而行（借人之盾，防人之矛），不但化約了整個論旨的關鍵問題，無益於牟先生圓教模式之改進；而於海、哈二氏，亦難免有削足適履之痛。求瞞天而過海，未必有得；倒見為欺矇人之適以自欺也。

(61)同前，三一六頁上、下段

案：上一大段（從三一四頁以來），無論是作者或所引舉的哈伯瑪斯、伽達瑪的說法，總是東跳西躍、跌跌撞撞突顯出一個由現實生活「興趣」帶出來的認知心；反過來說，也就是總要躲躲閃閃地逃避一個超越的道德實體，既可涵括理性，又可玉成知識之簡易直捷的路道。為著一個無來由的偏見的固執，硬要搞得如此藏頭露尾，弄巧反拙，何苦來哉！下段「由德性開出知性」，不正見得德性之為超越的實體之理性嗎？何必硬要停放在互為主體，且拘限於人類浮沉不定之興趣上？興趣不過是人之因境而顯的一時的心態，何可說為必依忠恕而後得見的「互為主體」之基石。下面之疑難於牟先生的「理性之架構表現」與「內容表現」之不能處理歷史、社會乃至美學的問題，實只是其自為獨白的封閉之見，既不具備說服人的理由，殊難以為智者道也。

(62)同前，三一七頁上、下段

案：上段所謂「理性化」的用詞，在牟先生「理性之外延表現」的觀念下，也是可說的。但不論韋伯也好，哈伯瑪斯、馬克斯、伽達瑪也好！基本上都是歷史唯物論的：雖然各人的說法，固必有隱顯明暗或強弱之不同；而其用心之唯在現實物質階層中求安護滿足，則是一致的。這只要看其下引哈氏之一段原文，便可充份見得。

下段所及諸說，本可與超越的道德主體合著說，何必硬要把作異樣或異類之意識型態看？你要堅持自己別出心裁之見來否定他人之見，不也正是另起了一種的意識型態嗎？所以意識型態並不可怕，而是無更高的良性的意識型態為指導之可怕！

(63)同前，三一八頁

案：你們是這樣看意識型態，當然也可有某種現實情境作理論依據的（例如，堅持馬列思想而發起鬥爭清算的共產黨），但這是只看到強勢者為害的一邊，沒有看到弱勢受害者一邊，也常有堅持理想相與對抗，至於殺身捨命不惜之事實，何況你們一票人自己，不也正在堅決保固自家團隊，反對別家流派，以致形成更高或更深的意識型態，又如何說？退一步講，即使你們要鄙棄一切的意識形態，也不用把至善無惡的超越的道德主體性當作槍靶般射殺它，因而導至人將不知何以為人，徒成一種空虛無實的乾枯的存在。再說，要由這樣的虛無的存在，依清談式論說，去達成道德理性實體的動能，是根本不知道德理性真體何是之幻想。勉強牽合起來，也正如牛頭之不對馬嘴，徒見為花言巧語之浮辯而已！

(64)同前，三一九頁

案：作者在發心動念寫作本書之初，多是採取欲奪姑予、屈己自制之情態進行的，而於一己內懷之實心真意如何，則都是依一種點到而忽又迴避他轉的方式躲閃過去。直至二五〇頁後之五章二、三節，始得漸見其思維本色之奔放流露，尤其此最後幾段文表現的偏好偏惡之激情，且如大壩開閘之不可復阻了。看他對於海、哈、馬氏等對於權力意識形態之批判，而倚仗語言詮釋、互為主體之類的空概念集結成所謂「溝通倫理學」作轉化工具之絕無疑慮的肯定推崇；又看他對於傳統儒家面臨權力體制，無所警覺，而常如飛蛾撲火或飄然遠舉之無奈行為之鄙視厭惡，氣勢上可真浩大痛絕至極了！然而深究其整個關心之內涵，不過是人生宇宙中萬千途向之政治一途而已。這雖然也應算是人類求為自由存在，必須正視的要項或大項，但不能因此便推為獨佔絕頂孤立之高位，而可不顧甚至拋棄任何其他途向或自然存在的物事。

於此，我想要說的，仍然是與作者要去除的超越理性和道德主體的問題。這個問題之深層理論的方面，新儒家前輩大師及其後學者，已經作了太多論述；我個人從前及上來本文也隨處有所申言，不用重贅。這裡僅就作者為宣揚「溝通倫理」之奇效而涉及的實務層面，提出位序上的兩點質疑：首先是，道德理性與政治體制是否必然不能相容，或說為有此則無彼，有彼則無此的勢不兩立的物事？其次是，儒家主張道德理性至上，是否只以對被統治者一邊講話，而不及於統治者一邊的？此二者之在任何人，應都定然立於非所認可與反乎矇目否定之極端的。然則作者先生於前者之但取現實進程中一些偶然失軌或一時未能達至理想的特例，來派儒家或新儒家的不是，便顯然為見樹不見林、知此而不知彼之故執偏誤；於後者之認定只以要求被治人，而於統治人則未有所規範，更是睜眼不見，充耳不聞之肆意誣罔。

抑有進者，如果你一定要為自己之所信強作回辯，那麼你便正是自反其道，在幫助統治人對被治人的肆虐行為清除障礙。何以言之？蓋因在政治這個領域中，基本上是以權力運作為重心的，落實於眾人之求為擁有或取得時，不管他是循由何種方式（個人或集團、武力或競選），一經得手，便是走在高而常危之權力頂端的。你儘可為他設計好最正確客觀的法律憲令、制度規章，交他去執行，卻總不能刮掉他那生而即有的「自能為之」的主體性，所以一般之既得主政而據高位者，必然少不了他個人或其團隊之主見與私意的參與。就在這裡，便顯現了道德理性有其可以克治或抑制權力慾念的大用（自明真理，細節不暇詳說）。可是你們卻偏要視如芒刺般，從人類意識中連根拔除，豈不恰如助長一切惡勢力，尤其是統治或當權者恣其所欲為的方便嗎？平情而論，你在本段乃至全書各處，關懷權力機制可能侵害人們自由之疑慮，以及要為儒家搭上橋樑過渡到現代化（不論是何內容）的用心，本身就是一種道德理性的蠕動，你要順此警覺策劃，怵惕勵進，則與儒家以至全世界之各家各派相互翼輔，共進於道，蔚成「溝通倫理學」之當下實踐，豈不更為偉大！何可一惟己見自是，盡去相對之他說他論以為快乎？

(65)同前，註，三二一至三二二頁

案：陳忠信的說話，可說是標準「唯物史觀者」之論調（這種論調，拙著《儒學義理通詮》貳章四節之(三)，頁八一至八三及伍章四節之(二)，頁一七三至一七四分別俱有剖析）。作者則視之如金科玉律，用來對李明輝為「理性架構表現開出民主」之解釋，表其疑難。根本是不明義理真際的任意牽扯！其實，牟先生的基本理念——「良知坎陷以從物」之句，顯然已交待了良知要經由一轉折才能開出民主（也包括科學），那就是句中所謂的「坎陷」。由此一詞，即可知「良知」與「民主政治」之間，原有一事體上的性質之不同。是即先生在《政道與治道》書中，明為簡別的「政道」與「治道」之故，且嘗提出具體的「政治主體性」和「道德主體性」的分異，其義涵即是：人依主觀意識對應政治（科學）之客觀物事，實有各為自體所形成的主從關係而見的異質性。作者和陳忠信一類人看不清個中的分際，又故意忽視「坎陷」一詞之用意，遂把良知之為超越涵蓋的大體，壓縮到與一般的認知性小體同其分量，然後塞納於政治（科學）之領域中，視其為常識功能之一分。如是，則即使不是成心誤導，也是其識量之狹窄而大欠通徹也。

6.引喻失當之泛思橫議，泯是飾非

(66)同前，三一〇至三二五頁註釋為止相關意理之通議

案：在這裡，作者有一觀念異化之誤置，即以為牟先生講「政道」，只是「依照一種知識之對列格局而成的制度安排，和客觀中立的法律機制」，便是民主政體之能以達致或完成的全部程式。因而認定「這樣的想法太樸素、太簡單，甚至會淪為工具理性所牽制的危險」。下面便拿韋伯對價值理性與工具理性的辯解來套住牟先生而議其不是。韋氏之見之於牟先生，自無不可兼容。但與牟先生這裡言政之所以為政之「道」的論旨，並非直接相干，作者卻把作針對性之主題而泛指泛說下去，便蔚成後面大篇大段歧出敷衍的文字。殊不知牟先生講民主、科學，原本必依於理性，而謂之為「理性的架構表現」或「良知之自我坎陷開出」（為免文字之煩累計，以下超越面則單舉「理性」言；物象面則單就「民主」言）。其中民主與理性的關係，是通過「架構」一概念來表達的。「架構」一詞，可作民主的實質形態看；亦可是理性之外用功能之結聚。而就由此（理性）至彼（民主）之過程言，二者是各有其為存在之自體的。但一般的讀者，尤其是別具異見而意存攻詰之人士，則有意無意地泯去其間的分際，竟視如一物之具現或具成；便據通常之工程作業方式說：抽象的理性，不可能架構（開出）

具體的民主（科學），並且蒐遍現實物象界各種實不相干的資訊或理論，來作繁複冗長之似是而非的僵固的批駁。

其實，牟先生之意旨，是基於對形上形下，亦即「義理」與「物域」，兩層存有之實感之釐定而立的，質言之，也就是理性為上層主導創化的本源；下層為其所創化的現象性物事。而關於二者間之接續發現的過程，先生亦曾別有「直通」與「曲通」之兩重說明（說在《政道與治道》之第三章）。直通，即道德理性之徑為道德的行事，所以舉德行而言便見理性，舉理性而言便是德行，不需憑藉別他的幫襯或參與。至於民主（科學）則既為現象界物事，便自然得受現象物事之制限，而必有其形成以至完成之外緣條件之需要，這便是它異於德性人格之可自我圓足，而別有賴於組合結聚之機制型態的形式特性：此則非理性良知之所能直接生起。人若欲利其適於己用，則須先於其組合結聚之原理原則、技藝方法處，做好預備的工夫，如荀子所主張的知物宰物；朱子講大學所謂的格物致知者：便顯然是理性良知自覺地作出了一重轉折，故得謂之「曲通」（曲者，轉其向度，盡攝世間可能之物事；通者，達其理義，遍注宇宙宿有之元神）。當然，這也不是口頭一說便可了結的，其間正有無窮繁複多端的路道與相互搭配進行的問題，有待於抽絲剝繭，條分縷析的耐心去解決，因而成就了各門各類的學術，和研究執行的博士或業務工程的師傅，就如：現今大專院校施設的系所，公私機構經管的事項——包括政教、文經、科技、遊藝等各方面人才之教育、培成，造就千門萬類，各具特長或特色的學者專家，皆可說於現象層面已盡「上窮碧落下黃泉」的無所不至的地步；其於人類文明開發的功績，亦幾已達無可為計的境域。在此，我看海德格大概就是想投入這樣的現象世界加作點什麼又無能作為；想說明點什麼又無法說明，以致完全失去一種通常人皆本有的主觀動能與制節事物的意義而心或不安，便移情別向，強不知為知地竄至必具真知的哲學之路，貿然尋思個閃爍熒惑的真假莫辨、善惡不定的（也就是巧弄玄虛地採取不作之作、不說之說的形似超脫解放而實乃故蹈迷霧，製造個渾淪含糊之名號）的「存有、此在」作抒情快意（無益寰宇、徒滋好事者競馳紛諍）交待。質直言之：他原本是個道道地地追求現實利得的唯物主義者，卻要跳脫出來做個若有豐富的超越理念之哲學者，所以對其先世之一切主張或循持理性以為學論世的大哲乃至宗教家、思想家，俱得毫不留情地打落下去；然後招誘其後學再造些說來好聽而實無根據，有似機械操弄式的「語言說人」、「溝通倫理」、「互為主體性」等等之畸辭怪語，來自圓其說。此時，我們的一些愛好新奇的青年學人，也就依樣畫葫蘆般，拿來對付傳統文化中，凡有關於超越理想性之學思系統，不是果敢地澈底給予摧破，便異想天開地借殼上市，進行所謂現代意義的轉化。

本來在於整個人類生命之大歷史行程中，原是經常有其對於現代化之追求的，否則，不可能有各階段之歷史的開啟和發展，也不可能有我們今天尚待踏步前進的現代化可言，所以就觀念上說，中國儒家的聖賢，無不有其各自當身實存的現代文化。例如：《大學》舉「湯之〈盤銘〉曰：『苟日新，日日新，又日新。』〈康誥〉曰：『作新民。』詩曰：『周雖舊邦，其命維新。』皆是其義；而直接對通人之期許，孔子則稱「後生可畏，焉知來者之不如今。」（《論語・子罕》）對政制之肯定，荀子則主「法後王」而曰：「欲觀聖王之跡，則於其粲然者矣，後王是也。」（〈非相篇〉）至於今之新儒學者，更日惟時代精神或思潮之採掇與勵進：牟先生之創言「良知坎陷以從物」，並就理性之通著於當下實存之世界，強調人品德行之化感，則謂之「內容或運用的表現」；正視民主科學之制作，則謂之「外延或架構的表現」，無不在於肯定鼓舞現代乃至百代人之當為的事業與應行的方向。他從超越境上依智的直覺作觀照，指出形上形下兩層相通一貫的義路，具體言之，也就是為當下實見之中、西兩個原起分途平行的文化和思想，搭建一座堅實穩固的架構，以便彼此交往流通。他是端居精神意理境之導向者，除了「性之」地做出許多號召式集會演講，寫出許多啟示類哲學書文，及終身不倦於課堂教學之外，根本就不屬於現象層裡任何一項實務研究或履進履退的公式人物。大家若不從這種分限中去吸納他的智慧，認知他的格局，卻把他當作獨門學術保守之專家看待，然後依一孔之見說他某學未究、某事未成，此議非是、彼議非通。實在是太過低估浮濫之不自量也。

(三)〈結語〉部份（總一條）

(一)三二七至三三〇頁

案：此〈結語〉之整個意旨，都在綜合重申全書一貫之執情——傳統儒家或新儒家，必須去其舊有之天人合體觀念，迎向西方新起莫得而言的杳冥荒誕之境。其鮮明強勢、自滿自信之意態，則可以三二八頁第五行斷然自詡「引入了海德格存有論系統，以提供重構儒家圓教的具體論證」之一語為代表。由此可見作者是先有了海德格存有論系統之成見，才帶著它那看似柔和平整，實則對一切從超越本體或主體涵蓋下，各具創造性發展之諸般自成終始本末之其他系統，顯現出絕不相容的最強烈的獨白獨斷的攻擊甚至殺傷力。海氏哲學是否源出馬克思唯物論系統，我不敢說，但依作者前文各處的推重介述看來，基本上是唯物主義意識形態的，應無可疑。作者本人（包括前列註文③李明輝提到的那些人士如林毓生、陳忠信……等）亦實是基於這種意識形態在奉持海氏及其下衍之哈伯瑪斯、加達瑪等人之思路（即他們自認不足為思路之思路——「存有、此有」與所孳生的「語言說人」「相對主義」「溝通倫理」「互為主體」……）信為曠古絕今的最高唯一的奇論。他們成心要對中西傳統、尤其中土傳承之機體靈活，生意盎然的形上形下、天人合一之精神理念，澈底打消；代之以無是無非、平鋪呆滯的光板一片，以便利人之自由地縱情恣慾、任所愛為。

不過，話說回來，他們真要達成這樣的願望，唯一最大的阻力，就是傳統儒家及當代新儒家，尤其牟先生許多精闢強有力的論點和論證，因此必要作種種無情的攻擊。本書作者之用心特深，乃先對牟先生部份相關的著述，作了一番粗略而頗切要的閱讀，然後委心屈志從文獻的詮釋入手，把宋明儒中陸王學系與五峰、蕺山學系各據重點說心、說性——亦即牟先生所稱顯、密二宗者嚴格對立起來：以密宗「以心著性」之「心」為無主體意義的現實活動過程之象徵；而「性」則推置到迷濛若霧的昏暗之地，方便牽引或拉拔到海德格的「存有」「此有」、唯詮釋為尚之幻境中。如是，就以為符合了天台一念心下「無明無住」「法性無住」的玄理，並進而仿冒地自創「天理無住」「人欲無住」的畸詞濫語相配合，看似真若天衣無縫了。但是我們再加細審，即姑不提中國數千年來道統思想及世界各家宗教或哲學理念如何交待的問題；而僅就我人當下這個存在生命，時出不已的道德本心全予拋棄，而惟付託於毫無實質意義的社會機制之擺弄搖曳，果能成其終極完美之自覺安泰順適嗎？是固不待智者而後知其無望也！

陸、與林安梧教授關於「內聖外王」問題的探討

一、

遠自七、八年前來，屢屢讀到同門好友林安梧先生有關後新儒學的論述，總會在心裡泛起陣陣漣漪式的波動。主要是因為林先生此類的創作，我既欣羨其才思精敏，識見廣濶，大有英華勁展，莫可遏抑之慨；卻又於其立意作對批判新、舊儒學昭露的旨趣，一味透著強勢不容分說的劇決劇斷，輒不免為之驚疑猶豫；尤其翻釋舊典往情，迎取當世近乎唯物經驗主義意識流所造之諸多新詞銳語，常令我一時視網茫茫、眼花撩亂，始且以潛龍淵躍，或將終

見在田、在天之高致，是以未及直思明審，透澈底細。迨今讀其《鵝湖》三五〇期發表修飾後再刊（見文末〈附記〉）之定稿：〈後新儒學的新思考從「外王」到「內聖」——以「社會公義」論為核心的儒學可能〉，則因其前後標題醒目，論證歷歷，使我一氣讀下，了無滯礙；然亦因此而原所恍惚隱存之猶疑，亦漸見清晰，乃至不得不有此野人獻曝式之申言也。

平情而論，林先生思理綿密，立言又如上所言多所襲取中、西學術傳統既有之思緒與現時代方見創新折舊的風習而顯其周備和牢結，很不易為通體片言之破解。我這裡且先就其欲以「外王到內聖」取代或翻轉「內聖到外王」的措意，大有程序和理勢，亦即邏輯論證上是個無法排遣之難的問題說起。

二、

在於中國古代，「內聖、外王」之為成詞或成語，雖然始見於道家意理的《莊子》一書，而彼殿後之〈天下篇〉，似非莊子本人或道家正傳弟子之作。蓋其所為論說之總的路向，大致都是依持儒家顯學，對當時各派異說與道家源流思系所存，作了明確的批判和檢視，甚至可說用意本在突顯孔、孟宗師地位，合乎論、孟、學、庸及易傳叢集之義旨——試讀其開篇之「天下之治方術者多矣」至「是故內聖外王之道闇而不彰，鬱而不發，天下之人，各為其所欲焉以自為方」而竟悲嘆「道術將為天下裂」一大段，便可明知：是其導啟後世儒者，無不以為身、家、國、天下貫串邳治之代稱。所為理則，明係由上而下，由內而外；依無形以張有形，本主觀而證客觀，深契乎存有或存在的宇宙人生、精神現象之終始有序，往來互成而暢達無礙。尤其值得注意的是各項成說的基調，堪稱絲絲入扣地表達孔、孟所創發的「心仁」、「性善」之為「形上而超越，內省而真在」的理體，足當個人乃至社會合群生命求為價值存在必然應有的準據。今就《大學》而究其流程之分明可見者，則要以「修身」為起始點，然後推及「齊家、治國、平天下」之理想的實現與完成，借莊書本篇的話說，就是「外王」——外者，事物之外在於己身；王者，功德之普及於天下也。當然，中間待成、待實現的物實、事項，非可以言思一、二……數之所能盡，人（包括人人），實只能盡己之分，各成一節或多節，從無「一口吞盡西江水」而全具者。要全具，則唯有回到起始點之「修身」處，就精神理念作逆返式的翻昇，才可有據為自我安足或從心所欲的充盈滿圓的存有之感。此種上下或內外交貫的理與事之融通，在於《大學首章》，固已昭示著兩個徑路：

一是如朱子之取「格物致知」，窮究天下之事理物情，積聚知識為務之知識論，與夫明、清各代專主功利學者之所尚。

一是如濂溪、明道、橫渠、象山、陽明、五峰、蕺山之特重「誠意正心」以立本達道而極成德性人格之本體宇宙論的途轍；丕承《中庸》《易傳》以及《詩》《書》《禮》《樂》諸經傳作者先嘗發明天人同體、心性一源之所就。

二者皆可說即莊子以下言「內聖」觀念之表達或踐行。在於歷史進程中，前者於義理真際無甚解，以致上下、內外界域不明，常滋擺盪而莫能為性命學之貞定。後者則更切近孔子「心仁」、孟子「性善」說為基底以開發世務之本旨，而見盛大一致，知行同步之風儀。林先生則一往看住外顯功業之大用；對於內造德性過節上未盡如理或流失的許多弊端，卻抓得極緊而視為根本之病害，並就生物意理作推斷，而徑命為「血緣性縱貫軸的基本結構」。就事論事，此種造語及所指，本亦可在存在生命之系絡中，有其表象或表述作用方面之真實性，而應為儒家學思所包具而兼治。前舉朱子以理學家成份所解《大學》「格物致知」之義，便分明見得有這個雅量。但林先生則以為大謬而在所必反。實在講，就整個情理之大勢看去，朱子其人與學之以「即凡天下之物，莫不因其已知之理而益窮之，以求至極」之觀念向度，應屬林氏同好之列，卻亦竟為其平生之依理學名家，林文中且屢挈為批駁對象之標的。又：先秦儒中荀子堅持「性惡」，而主「化性起偽（為）」（〈性惡篇〉）；強調性如「枸木必將待檃栝烝矯然後直，鈍金必將待礱厲然後利」（〈勸學〉）；復主「天功、天情、天養、天政……」之培護與「本始材樸」之質的改造，始能遂成「天行有常」之道（〈天論〉），亦明與林氏以外治內的思路一致；然而大概又因其謂「君者、儀也、民之原也（〈君道〉）國之隆也」（〈致士〉）等觀念之近乎尊君；與夫重王道之特舉「義法、義志」的論述，輕霸者之專事「辟田野、併諸侯」的作為，多與林說抵觸。遂不具姓氏，僅泛採其「性者、本始材樸」之意，而竟別無一語之稱引。凡此，皆可見林先生一惟志在融入今世盛倡「現代化」、且復急切超速地遠掘至「後現代化」之成見以表新說自創，而不肯許中國前賢之亦嘗有揭之在先者。於是斷然提出「從外王到內聖」的澈底翻新的主張。這個主張，果真是絕頂正確，無復可以再議的嗎？下面且就個人的淺知所及，陳述一些意思，供林先生及讀者大家的參考。

三、

首先，我覺得林先生此類之論述，特別令人感受到一種固結不可移易的強勢，那就是：

執著於現象層面之現實情境，亦即其經常美稱曰「生活世界」的觀照或取樣，對於現在又超越的人生宇宙，不就生命意義作上下通貫、內外依存之想，而一似鍾情於西方近代流行的經驗可接的物實之化是如何，即以之為如何的存有論是取。其基本之架構或形態，很像個機械廠房中的轉盤，可以左右迴旋或任意定止。因此，關於人事、世務的表叙——如「內聖外王」者，可如古代儒家道德理性為主之右轉為「內聖到外王」；也可以循近代西方世界社會體制之可欲左轉為「外王到內聖」。由右轉的「內聖到外王」，既為主持操作轉盤者（請注意這個主持者也正是依自己的好惡在作決定）所不取；則自然祇有左轉由「外王到內聖」一途之為尊。可是認真地思之，西方型之可欲的社會體制，姑不論其間之亦多或且特多慘烈的病害（後當詳申），而僅就其裨益人之現實存活者一面看去，也不是一朝一夕突然冒起的，實也有它多少世紀以來崇高偉岸的精神理想、流注於文化進程中，形成一種無比力量所蔚成。最顯著的例子，則莫如其宗教信仰（無論方式如何）中，人人願為神或上帝子民而誠敬從事之在先。廣義地說，這不也是一種由「內聖到（支撐）外王」的型範嗎？我們今之推稱為「現代化」，而必變此以從彼的樣本，是否亦須攝具其親信上帝的宗教情操、且直依基督、天主教會——教堂膜拜禮禱的風習進行，來替代自家素所正視的內聖為本，慎微知著的工夫觀？若然，則要從整個文化上——包括思想與行為——作徹底的更換，恐非全體人民數千百年不弛其志所能成功的；如若不然，則在不以內聖為先的無頭無腦的情狀下，何所主而得成就現代化之外王？更何所恃而能使外王回歸到內聖而無差忒？我看唯一結果是像大海中一艘無方向無動力的舟船，由它隨波逐流地飄泊，橫衝直撞地碰岸而已！是禍是福？當前世界，尤其對照臺灣的現勢，已經非常醒目地證顯明白了！

其次當知：凡不經心性自覺求為人格美善之內聖工夫的歷練和主導，而徑由現實多物或多元集聚湊成之所謂外王，其為內容，必然是以充量滿足人類、乃至如佛家所稱「眾生」之物欲生活定義的。嚴格說，這是否合乎或算得是儒家所珍視、強調的「以德行仁」之外王，顯然大有問題。因為中間明有「理」與「事」之兩重界域或分際——理主應然，是為元善；事屬實然，可滋成敗——依應然之理軌約實然，由實然之事表徵應然，然後內外圓融而行止方正，未可以與「場域」說下，懵然無覺之任運而轉，相混為一談也。在此，或許有人要說我的想法太迂，並未達異說者之本意：蓋彼所謂到得內聖的「外王」，根本是物域之自成其用的任己而動，無需他力之指引或領航去左右之而後斷其是非者（他們一致認為此是「唯心論」，無理地貶為在所必戒）。人，惟不斷從事事物物之流變中，自然而偶幸地洗涮清除種種雜染雜質，呈現一些有益或好而可愛的物事，便利現實人生之歡快享樂即是。其間活動之頗能表示異於他物，而為所力事鋪張或推重的，就有著若干類似機制形式的名言標號之創發——

如所謂的「溝通倫理學」、「互為主體性」、乃至將「意識哲學」轉向「語言哲學」，而徑變人說語言為「語言說人」。林先生則於此加入一點點不知所自來的道德成份，總稱為「社會公義」（按：「社會公義」絕不可能憑空冒現，而是經由眾多個體人心性認證之內聖修養共同鑲造的）。關於這些，我自然得承認它們有其救助身軀物化，輔正行為偏失的功用。但是，無論如何巧矯辯釋，並未達至「絕對理念之清澈」、「最終繁難之擺脫」。以下即請就此兩端之弊，再援前訴意理，略為補加辨析。行文或不免有些重贅，亦勢之不得已也。

四、

於此，我的第一個堅持，亦即素所尊信而常不已於言說的是：人之不可無知者，乃大宇長宙中萬般物事之遂成長養，無論終始條理、廢興起伏如何，絕不能忽視其莫見莫顯，隱微足徵的精神實體，隨在為超越而內在的運作與照護。此所以從來儒者，特於自身之做為一個人的方面，省察到了當下依持，未嘗一時或息的心性，並且蔚成學思道統的傳承之故。如實言之，也就是建立了個人以至大群全體得為價值存在之常道——「心性之學」或「義理之學」，相對於外在別起之客觀世務或世情，則謂之「內聖」；因而主動或主觀地策轉世務世情、浸潤萬事萬物之亦歸於道，則有「外王」功業之必待於完成。這是個上下敷承、內外諧叶，依體成用、藉用顯體的自然開發之勢，迨其功夫之達於極致，且必是內聖投誠於外王，外王載具乎內聖，如王船山所謂之「兩端而一致」，以及宋明諸儒常稱的「天人合一」、「知行一體」之大效者。【按：以上這些意思，林氏別他論著，亦常多有正面的表述，嚴覈之，則與現今此文之所主斷，顯相矛盾。而所以然者，恐是蓄意超俗地「是不謂是，非不謂非；非不用掃，是不用保」之「場域」說下，頗似依仿聖人「無可無不可」（《論語·微子篇》），「毋意，毋必，毋固，毋我」（〈子罕篇〉）之大化；承諸莊子「無物不然，無物不可……恢恑憰怪，道通為一」（〈齊物論〉）之達觀者。卻不知夫子素常固「無終食之間違仁，造次必於是，顛沛必於是」（〈里仁篇〉）；莊生且有「天籟」主夫「眾竅、比竹」之「吹萬不同，而使其自己」（〈齊物論〉）之敦篤行踐在先。遂徑以片面之「外王」為獨是而統存統許，復又輕為偏傾偏廢「內聖」之所必至也。】不過，我們須要注意：此中所蘊存的摯義，原屬實踐性的自然自在真理，在從古至今之人類歷史途程中，以個體人言，是說做就能做到，且多有實然地做到的——如儒家之聖哲，佛、道二家之菩薩，真人者；若向整個大社會討教其曾否有過徹底美好的陳顯？則確然無可為說，因為它原是屬於業務領域之事項，基本上要由眾多個體人合組的共同體來執行。而一言共同體，便根本少不了個體人之各有其志意所成的間隙，也就是說免不了你欲如此，他欲如彼，智者所見，未必為愚者所許。由而召致彼此僵持，甚至對立的激烈爭鬥。正因此故，所以萬千年來，尚未見有或能一舉成功王業至於不朽的。近代西方哲人、政治家，見得其中所關利害甚鉅，於是創發了政治上的民主制度，讓大群全體至少有個公開公正不可踰越的軌道照著去履行，誠屬千古奇功。然而即使像英美等少數國家，推展得頗為順暢，減免了倚上欺下的人權方面的若干侵害與紛爭；而國際間，社會上的恃強凌弱，逞兇恣暴，惟利是圖，惟權是奪，乃至利用選舉和議會縱貪為惡之行為事實，固猶層出不窮，如火燎原；而須由「有心人士」倡行種種非政治的、純粹發自各人主體意志的仁道呼聲和義務擔承來彌補救濟。這裡，我們豈不可以看出：包括製作民主制度，激發義務行為的創始者與循持者，適足為內聖工夫之應先或必先於外王作明證？不是可以輕言排斥或逆其理而倒轉其序的。林先生則專注於久歷滋蔓衍生的流弊，全力嚴批「從內聖到外王」，至謂「儒家人性本善論的傳統，逐漸由根源性、慎獨的倫理，轉為宰制性、服順的倫理……形成了『道的錯置』」。類似這等「欲加之罪，何患無辭」之多方造語，果有鉤幽探隱、意氣撩人之概，可是內在於理境之真際看去，卻恰如體質虛弱者的美容，恐只當得外表金玉，將終若鏡花水月之幻影不可捉摸；所以我們現在要因其所造還以說他逆情地主張「從外王到內聖」，是更深地犯了「理想錯置」之病的。明白言之，亦即其完全寄情或駐足於理之既展為現象層面的「物」之「場域」，原期應是一塊完美無瑕的寶玉之際，卻忽然見得許多現勢機栝釀致的是非善惡之物事，便鄭重於「非與惡」之咻咻不捨，而忘其亦嘗著有「是與善」一面之待於肯定與保固也（方今之為思想學術者，正有依胡塞爾「超越現象學」之場域觀念與「生活世界」，專門倡行所謂的「場域哲學」，為物實的現象層作裝點和修飾的）。誠然，就整個「物之場域」曠懷而觀，確是個自然而在的「存有」；而落實於個別事件、物實之作用以言，則固有太多令人欣慕愛欲的瑰麗、珍玩，值得人人各盡所能去追求與開發，以造就世界的豐富繁盛；但也必須注意，句中特別置定的「值得」二字意義之重大！那是整個價值觀念之簡便的表達，是與現象的層次或物實的場域，有著超高一序的義蘊；而其根基，則必植立於心性主體之肯定。由此乃益見心性主體大用之無所不在，甚至可說其與各各之客觀「物場」或「動場」融凝而無間【按：「動場」之觀念或名號，見吳汝鈞教授近著〈與超越現象學對話：胡塞爾論生活世界與我的回應〉（《鵝湖學誌》三十二期）。可見「場域」說，亦復有依不同角度或層面觀取之異多的相狀，不必定於一型。惟其專注對反「內聖」之心性修習為說者，則只是「物場」而已】，如何可容單偏個己愛欲的一邊，激情而強勢地非斥排拒眾皆尊榮顯耀之德性人格的美圖，硬予消除淨盡之為快也。

於今，我們詳究這種偏邊思理啟動之端的，如前文所已提及，中國古代的告、荀、董、王與夫陰陽、農、法、名、墨各家之徒，俱曾或多或少地持之有故，言之成理矣；而西方世界，在其客觀唯物之解密申析的哲學傳統下，更是昭然地循以相資相授，且代有炫才務奇，變舊更新之為說者，不可勝數。然而如此類型的學說，亦往往只在峰頭上喧鬧一時，不久即成殞落，而被另類棄舊崇新之異說所取代，其於歷史社會、文化思想之進程，最多僅如大海水波濤之前後推盪，反覆起落，既於人生宇宙，無有質量的增益，又少踐履的穩健，徒添幾段驚世駭俗的花招或險浪而已。我們現在細繹其所以然之故，本在該等說統自身即屬浮淺，處處透著不能自圓其說的矛盾！一個最為糾纏不清的情態就是：他們肯定物實物如的自然場域，卻又自己時欲且教人背反自然地於中設些機制、立些規條，從而攫取利得、強力改造，豈非正是思與行相對敵，大不諧叶嗎（此其間應有科學家之為唯物論的實踐，哲學家之為唯物論的護持之態度和徑路同異的分析，今茲不及詳申）？林先生的問題，亦復如是。他站在「物實物如」的自然「場域」中，一方面嚴斥內聖修德之為「道的錯置」及其開發（到）外王之全然非是；一方面又反其向度堅決主張「從外王到內聖」為至當至善之方，則請試問這樣正確的主張，果何自而能生起？難道「自然場域」中更有不為人知的超自然之別主乎！如是，則何不直就人所本具之仁性良知之修持而展及外在王業之為順適暢遂也？吾十餘年前嘗屢就孟、荀思想作比論，覺得荀子既主「人性惡」，而又謂人能「化性起偽」，能為「仁義法正」、「明禮義」（均見〈性惡篇〉），適以自我否定，而益證孟子「性善論」之為不誤（諸說存拙著《儒學探源》第四、五篇，《荀子思想研究》叁章六節之（二），《儒學義理通詮》柒章之五節等處）。林先生自以為見得「內聖」與其「到外王」之不是，而孳孳然欲予重建「從外王到內聖」的後新儒學以名世，吾見其初亦是十足地出於正心誠意之不能自已，正有合乎孔子「多聞擇其善者而從，多見而識」的「知之次也」之旨者（《論語．述而篇》）；只是其太過執著於古代告、荀……者流，與近世依經驗而見「場域」、主「存有」之成說，絕不容有別他、甚至排他之強勢的偏邊獨斷，為不可不加審察耳。

五、

最後，關於繁難的無法擺脫，我想採取一種戳穿式手法或語言，來說明「外王到內聖」，為事實上的完全不可能。此且必須預知：依照林先生不以道德實體先在，良知理性先行的「外王」，勢將如前所說有似大海中一葉孤舟之隨波漂流；而其內容，則只是個群群結聚，權利均分的組織，而在此組織體下，除卻藉賴切身利害的關係維持表面平衡外，有無個人願為或祈向道德的意志性是不明顯的。有之，亦常是因利害所驅的虛飾偽裝的假仁假義；

最多亦不過如中、西聖哲所共明指的「他律道德」；甚者，則且將逕說不必要乃至非毀詆斥之！所以其基本的推進力量，全靠權力和財富之獲得來動發。這種型態之較好的，自當以如今英、美、德、法……等國展現的「民主」與「科學」為表徵——民主是政治運作的平權機制，科學是智財開發的挖土器材，二者對於民生日用的貢獻，自然不可勝言。但須知道，人間事務一涉政治，便成包山包海的全面控管，即理應獨門別行的科學，也絲毫不能例外。因此，實際上能躍踞高位發號施令的，必屬聰明智能高人一等的少數，而多數下民，則僅有聽任隨從的份兒。這種情勢，無論是古代憑武力詐術爭奪而來的「帝皇專制」，或如今世藉選舉花招、欺瞞手段而得的「總統位階」，一樣都成國家元首，到得此時，他們已是大柄在身，大權在握，運作起來，都能恣所欲為；若其並無人格為尚、憂民濟世之真情，必將進而不服道德力量的約束，衝破一切藩籬仗勢剔除正義，打擊善良，導至上下交惡，橫政虐民，成為威權暴統的「假外王」或「反外王」。敢問中外歷史之政治場域中，究有誰曾遠離這樣的套結而得正果？又誰且退讓地回到教民以義，化民成俗，人人得而安善樂生之「內聖」境地者？答案全是否定的！這到底是什麼緣故？

在此，我的再一個基本看法是：凡人之存活於世間，除了原本浩然強盛正面之道德志意外，也有種種伺隙而起的反向式弱點。傳統之中國思想家，則視前者為先天當然之「理」；

後者為後天本能之「欲」。林先生順「場域」說下看去的「生活世界」，應係包括這正反兩方之實有性而言者。先儒如程頤、朱熹所代表的必求「去欲以存理」，固或有過甚而不近人情處；然如林氏之平視為生活一律，且要逆勢地「從外制內，以欲克理」，竊恐更若養虎貽患之不可擒服。這也就是說本能意義的物欲，若不經道德理性、良知主體自覺地管治、修正，一定會如潮湧般衝決進來影響人生大局的。其間最為兇猛難馴的，則要屬「權利欲望」這個大項（德人尼采則肯定地稱之曰「權力意志」）。此在通常人無有足供施展之機緣場域下，自多潛伏而不彰；假如一朝因勢或憑仗聰明智能，獲得自謂已達「外王」之地而躊躇滿志時，那潛伏的權力欲念，便將如油礦著火般的烈焰沖天，不可遏止了。歷史社會上此類的事跡或例證，比比皆是，固不待本文之枚舉贅述而盡人俱知的。

一般的民主先進人士（尤在西方）蓋早已感受到它——政治上權力慾的為害之甚，並且認知到創設公平合理的民主議會制度，將可使問題徹底解決。此之思維和處置，初亦確甚妥切如理，林先生大概也是依之創發「外王到內聖」之說的。可是萬沒料到（尤其是中國），當政治正確剛剛發露，將要實現或實行的時候，一些浮薄躁進有似急先鋒的知識份子，又別具機心地認定近代西方文明表層現象中同步前進的民主與科學，無待於超越的形上實體支撐而自見光彩；復以彼邦並時蔚起惟現實經驗為尚的科學哲學之思者，極端蔑視精神性宗教信仰，甚至明白宣稱「上帝已經死亡」的狂潮，遂無條件死心塌地欣慕沉醉、全盤接受；而於高唱「德先生」與「賽先生」的崇拜之餘，更對自家傳統社會的教養教化功能，僅限於娶小妾、包小腳、吃鴉片、立貞節牌坊……等低劣之境；對其本仁義而「親民、止至善」的修、齊、治、平之道，則直詆為不堪入目的「孔家店」與「吃人的禮教」，屬於帝王家御用以愚民的統治魔術，而勵行打倒清算，連根拔除——「線裝書丟進茅廁去」。流風的吹拂，數十年或明或暗地未曾稍歇，以致弄成今日這般政經文教四不像樣、瀕於崩解的亂局。如果你說，這些的亂象，只是中國一地有之，只怪罪其未曾真實把握住「外王神功」回到清除「內聖渣滓」而重建「新外王」這麼簡省的問題上，則請拭目一觀：世界各地或事創新、或事革命，號稱制憲立法的民主共和國家，一二百年來，所在多有，應說是「外王」已臻成功了吧！可是如今之大社會場域中，國與國，族群與族群，乃至家與家，人與人間為爭權奪利而不擇手段的爾虞我詐，燒殺擄掠，影響及於精神分裂、人格破產；積鬱成疾，毀己滅身的凶禍，幾見消滅？我看正如燎原之火，日形熾烈，不用說回到「內聖」，就連既得的「外王」架勢——民主議會的政局政體之結構本身，也快要傾圮崩盤，保持不住了！如是情態，豈不全由大家但求外創功利，忽視內修德行；或者如林先生之抱著不可能的「外王到內聖」之「理想錯置」「理序顛倒」之所召致乎！

不！問題非止如是！且請就近看看當下此地的現實報應，彼諸熱衷政治的個人或團隊，一開始就未曾想過要依「內聖」的誠敬忠信來治國；自然也從來沒有企向如林先生所謂「外王」的火種根苗；他們只一味憑藉鬼祟手段攫奪佔據先賢慘澹經營創設定了的差可稱為外王的架局，由而大大利用其間的全部資源，恣意地肆行誣賢罔民、毀憲傾國，實即「反外王」的惡劣夠當。這時你還能寄望它（他們）做點益己安人，福國利民的內聖之事嗎？恐怕不是通常所說「勢比登天還難」的俗諺所能狀述的了！蓋夫世界之為世界，人類之為人類，原是介乎「平安」與「危險」、「理性」與「情欲」，亦即「天堂」與「地獄」之間的一種存在。若人而不知遵循安而蘊理的「天堂路」元命；欲一是縱任或沉墮於快欲而危的「地獄門」險境，而望其不終罹於亡國敗家、滅頂喪身之惡果者，從來未之有也；君子真人，何不於此慎思之？

後記

本文自民國九十四年（二〇〇五）一月發表於《鵝湖》後，旋有林氏學生譚宇權先生於三月的《鵝湖》三五七期以〈多元社會的哲學家與其命運〉一文對本人及本文作了不甚相應的批駁。嗣於同年六月，林先生自己又寫了篇〈「新儒學」、「後新儒學」、「現代」與「後現代」——最近十年來的省察與思考之一斑〉（約二萬言），載在「鵝湖」，雖未明白提指我的名字和上錄「探討」文章，但是看得出來，意旨都是針對我文所作的回應！不過，技巧上不是切就「內聖到外王」或「外王到內聖」的實行及如何可能的理念作表述，而是漫天蓋野地、不著邊際的豪邁式的自說自話！我得承認，其最後第五段文字，寫是甚是活潑生動，其間引舉或操運的現代文明物事和話語，流利曉暢，就文論文，可真似巧匠雕花造景，足致人於幻虛為實之境，而且有些名言異象，確是我所未多觸接和留意到，值得認真去思考和吸取的。但是作為一篇將以說服人的理論完整的思想性文章來看時，顯然有兩大缺漏和偏斜：一是論旨誇奢，無有根源義理之推明，如人生宇宙之何來何往？全不見有令人滿意的著落點；二是天、地、人間之情實，何以應如此而不如彼，並無可據為信然的交代，一若天馬行空般之懸絕於境外，我說這樣就這樣，你們不用猜疑。總之，是以海德格為現象世界所造的那個「存有，此在」的虛概念，再假王船山、熊十力依生命證顯的「兩端而一致」與「體用互成」「乾元性海」之觀念為掩飾，環抱或纏繞於其自以為必須照著去行去做的「新儒學」、「後新儒學」，「現代」、「後現代」等幾個似甚炫新耀奇的名詞，強說不休而已，則何能必見其有效於當代而成功於未來也？

民國九十四（二〇〇五）年六月二十九日隨記

柒、再讀林安梧教授關於「後新儒學……」諸般概念之商榷

提要

《鵝湖》三六五期（二〇〇五年十一月）林安梧教授又撰〈《存有三態論》諸向度的開展——關於後新儒學的「心性論、本體論、詮釋學、教養論與政治學」〉，從其〈本文提要〉約四百餘字的開篇論旨及下文各條累舉之名言意理看去，大似對吾前於《鵝湖》三五五期（二〇〇五年一月）發表之〈與林安梧教授關於「內聖外王」問題的探討〉一文之回應；而所拘執的基源情態，可說是其邇近十餘年來刊行書文，反覆宣唱一貫思言（大約不下數十萬言）

之複述或重作整飾。究其內容實指，則只見巧思畸語，口給禦人之揚露，並無任何新穎察識、稍變前習之足言。再三讀來，不免教人深感煩累。本無待於多事批判，然以是非心之驅動，終覺不能無言，乃復按其條序節目，逐一略為估評，稍彰義理而已，非敢好為無謂之辯諍也。

林文：第一節標題：〈「後新儒學」與儒學道統系譜之重新釐清〉

【按】：作者林君拋卻儒學自孔孟承諸上世德教，開發人文精義，歷經數千年至於今世，緊維萬代，「詒厥孫謀」（《詩．大雅．文王有聲》篇）之內容真理——仁義忠信為本，道德禮法必循之化育重心一語不及；而唯歷史、地域、人事等外緣現象之遷移轉變是論。是所謂「離經而紊緯，泯體而昧用」以致聰明誤己，隨機隨意構撰些自傲高見，大悖常理的事故和詞語，蒙混普天之懿德，淆亂通人之正識如此也。

抑考其思言之向度或所認取，則固與近世□□黨人專拱物質至上之「唯物主義」意識和熱情並無異樣！蓋隨彼有似順口溜式講出的經濟、社會、政治、文化史觀，本屬任何學者專家乃至普羅大眾、俱所肯許推重的治國安民之要項——從來崇奉儒學志業者，自多必有性德先於物用之鈞持。唯因安護天下大一統，期免於群雄紛爭之原則或觀念，久而久之，便釀致君威凌駕民意底偏傾，未及切入西方民性初為擴展智識，快適生活而正視數理邏輯、器物機械等類之名物開發；又為個人權利、群體公益而強調天賦自由，社會組織法制之建立，二者合以構成科學造極，民主共和之大利，並在最近二、三百年間的世界文明場域中顯得特別強勢而莫敵。就此而概觀我華族今日，基於上古即已具足「正德、利用、厚生」（《尚書・大禹謨》）的精神與要求，決非不可循原有充內形外，養氣發功之理想，如牟先生所揭「坎陷從物」，全力投入物實世界、政治領域之研究與造作，以達迎頭趕上，轉舊為新之目的。然而林先生卻在岌岌追進「現代化」的激情下，粗略認知到西方政經方面的成就（其實，他們現在也正是百病叢生），便彷若獨個拾獲遺粹巨寶般之誇奢自滿，一意要將之勾搭於傳統儒家和新儒家之未盡如彼作構陷而誣言，以遂其勘定「正宗嫡傳意識」之過惡；甚且具列自先秦下至漢唐宋元明清帝皇專制迄於今時，各代重視孝悌人倫的思維空間不同（都只籠統架空言之，並未具體指出不同之事實或理趣），因而歸咎、責備新儒學者在現代化發展過程中，多是欲從傳統習尚的本心良知開出現代化，沒有好好理解如今實為前所未有的逐物攫利、奪位爭權大勢，而必與取同一方式或行徑，奮力自保始得生存的環境。請問：你這種認知和論述的基本性向，其與民初五四發起的全盤西化及二、三十至六、七十年代共黨奉馬恩列史為父祖而戮改同胞，終致四人幫趕盡殺絕之十年浩劫的思路和狂執，究竟有什麼差別？

林文第二節：〈心性論結構：「志、意、心、念、識、欲」之詮釋〉

【按】：此節作者以「心性論結構」作主題，然後申言宋明儒「志、意、心、念、識、欲」各別之內涵：其先且以表列示現他所強知於諸辭流形動感之位格義。大體說來，他對於兩代大儒——朱子與陽明哲理之分辨，確似做過一些功夫；惟其折轉歸結於晚明劉蕺山、黃黎州、王船山三家致思成德的判定，顯然是把他們拉脫所前承於程朱陸王之理學或道學系絡，而僅憑現象性歷史、社會學之立場說話的。依我看來，他在本文所欲甄抉的大旨上，本可不必涉及這麼高層義理之陳述，反致蛇足似的費解勞思、糾纏繳繞；但是進而究問他後文（亦即從來一貫）所望建造的新穎而異常的獨家議題意旨，原在於藉著「批此而後彼顯」或「破彼而後己立」之理論策略作推力的。於是我認為他整個的問題，應可以牟先生逝世之年為前後期分界，而見其對於儒學之遜順與翻轉。

前期是：在臺中一中因蔡仁厚夫人楊德英老師的指引，領悟到一些新儒家學理；升上大學，又長年在師大、臺大課堂上所受牟先生多重之講說薰習，而碩、博士畢業論文亦都直接、間接由牟先生或及門先進弟子指導完成，自然或詳或略地讀過儒家許多文獻和掌故；加以其人聰穎善記，故能對朱、王學思之傳遞，頗有「照本宣科」之便捷。當牟先生在世之年，居常惟謹惟恭，未敢一言以相觝。

後期則：適值社會上學界時尚迷醉於海德格充滿唯物意識之「存有論」之追從：其間除早先以經驗實用為高之「分析哲學」徹底蔑棄中國學問之岐流不談。而原本依存於傳統儒家思欲有為的後起之秀（如楊儒賓、袁保新、謝大寧等堪稱佼佼者），正熱衷於所謂思想改造、文化創進種種現代化新詞新觀念氣勢之鼓吹；積極從事「海派『存有論』依物質現象之場域或區塊中看得見、觸得著的有什麼，即肯定為當然應有之什麼，因而臆造個『存有、此在』混濫形上形下之模糊名號」之推闡與張揚。本文作者林君雖少「存有論學」之明白傳述，然其主觀之用心意態乃至論旨，則實與上述秀起之士完全同軌一轍。不信麼？

請看：他們凡所提稱或推重先儒經典文辭以行論議者，無不罔顧通體之大義，而惟斷取一二章節或片言支語之堪為利便一己物實為尚之佐證——具舉以言：楊則有：以孟子研究為主之《儒家身體觀》，專取「養氣」「踐形」與「睟面盎背」等襯托至理之單詞，比附荀子「美身」「有氣」「有生」，及管子〈白心〉〈五行〉……明主「修身煉丹、長生羽化」等畸說湊拍上海德格虛誇幌盪之存有論；袁則有：以孟子、老子作論主之書篇：一再混孟子「心官、耳目之官」為「大體、小體」之分辨，及老子和光同塵，歸真復樸，得為人、地、天道所法之「自然觀」，以與海氏似玄非玄；純屬物場現實而假名「存有此在」者為一談；

謝則有：《儒家圓教底再詮釋》，為圓成他「從道德形上學到溝通倫理學底轉化」，便硬攀著天臺宗「無住本立一切法」及「一念無明法性心」之不排拒一切法，又舉南宋胡五峰的「以心著性」，晚明劉蕺山「形著原則」中的「心」「形」之現實可見的面相，來為其自己必欲拋離形上之道德實體，以便投併無體無用之海式「存有論」作蹺板或依傍（以上楊、謝二君之論，吾亦先後作過批駁，曾分別發表於中研院《中國文哲通訊》七卷二期及《鵝湖學誌》二十九期。袁氏的問題，則僅於其原著書、文中作了些眉註，須待爾後再行整理）。

基於如上之舉證，既可見林君十餘年來語文意理隨步偕行之形跡；而稽其倔強勇往之悍然作風，則更顯現一種火山爆發式的不可阻遏了。至於所依以為加持的往昔哲人，除黃黎洲、劉蕺山係資為備位傍襯之外，主要是曲取王船山理氣通貫，所謂「兩端而一致」之「氣」之片面的意義，藉為他本人「泯心德而重氣化，貶內聖而崇外王」，亦即「唯物意識」潛力拼搏之掩護。總之而言，他們主觀內在之心態，一是依循西方現代哲學中多反「主體主義」之流勢取樣的；根本無意於理會中國儒學精義，自先秦到晚明及今之新儒家相傳一貫之大原則，本是心物合體、聖凡同尊，只是要在理序上分個本末先後、主從重輕之節目關係而已。陽明後學，或許申言心、物之分義過強而不免有偏失；蕺山、梨洲及船山不過意在紓解其流弊，並非絕決地必改先哲心、理為本主，物、氣為附從之原論。作者之流，卻唯西方「反主體主義」風尚之追隨下，硬把劉、黃、王……諸名家從儒學主流中割離開來，使成為他們去心唯物、異議畸行之護法神。何其令人難以為思也。

林文第三節：〈存有三態論：「存有的根源」「存有的開顯」與「存有的執定」〉

【按】：此節作者開始以他自己見識到的「存有」名號為標尺——非如任何他家可視為「持載體」之浮游莫定的對象，由而展露滔滔不已之雄辯：其所擬設之「根源」「開顯」「執定」等三個進行式型模與後文之申言，卻又頗似魔術師表演隔空抓藥般、利用從來儒家學者展示天人物我、主客體用過節必備或運作的經典性語言，足致一般人士誤認其為獨個的透亮明通之創發。究其實際，則全屬沒頭沒腦的遊思幻想，將大以誤己而誤人也。下面且就三個要點明予辨正。

(一)你為的怕罹犯一個西方俗見中排斥的「主體主義」的忌諱；加上自己所鍾情於「物實存有」可供享有快意之偏愛，不但不去理解牟先生合理判釋的「人雖有限而可無限」之內涵；甚至連著輕蔑整個傳統儒家正視並推徵人之實具道德本心（良知）、將以因應或護持世間萬事萬物，提振人生存在價值之意義；而竟一口咬定牟先生許多切要中的之成語為「非常強勢的獨斷」！於是處心積慮編造些莫須有式、極盡僻執的巧辭作為貼簽以掩之。揆其偏見之由來，莫非承諸近世西方「唯物主義意識流」橫決氾濫之所漬染而不覺，所以別製些盡如鏡花水月的假象空言，徒見其迷醉歪斜，卻復欲炫才逞辯而已，何足道也？

㈡牟先生關於康德哲學之研究和論述，可說極有生之年而未已；終且獨力翻譯註釋其《三大批判》之全書。他本意是因確認康德之在西方哲學中，惟一能正視內在於人之道德主體性與外在物實存有之客觀義，創發「先驗理性」與「經驗實在」亦即「現象」與「物自身」相為表裡之論，足資中、西思想文化交流互補之大助。不過彼此原亦各有其正見與缺陷，例如：作為中國主流之儒、道、釋三家，則俱於「經驗實在」方面不夠深入了抉，以致「物質科學」與「法理民主」遲未開發；康德則以「意志自由」、「智底直覺」獨歸於上帝，使得人間之「道德法則」無所依託而成擺盪【關於這個問題，近年盧雪昆教授提出了若干不同的新說，具見其所著《康德自由學說綱要》（分見《鵝湖月刊》三六二、三六三、三六九、三七〇、三七二各期）我這是本於牟先生之舊說，看來須待思改】，牟先生皆秉直道而有推概、明指及建言。作者林君如其後文強調「中國文化傳統是以『氣』為優先（或核心）；又如其到處宣稱往昔政教文制一無是處，俱係儒家「道的錯置」所造，然後重構「物化為道」之意涵而觀之，彼固完全不知所謂「道」，乃由「理」先於「氣」或貫運於氣以成事（下當續論）

所迴顯的超越總體而言者。依是，可知林君根本無所達見、也不能認承康德道德理性之為「實踐」的表義，及本「自由意志」下開「智底直覺」與「感觸直覺」者，卻要將康氏所見神、人異位而不許人有智的直覺一點執情，用來作主打牟先生之借辭，不過是其物實至上的「唯物意識」之狂肆無分際，絕非有何真情實見於中也。

(三)林君之不認可牟先生哲學義路，並非有什麼特殊新創之見，只是單挈中國傳統思想中與「理」對看，絕不能離理獨在的「氣」之一邊以相觝耳。

夫「氣」之為名，最早當以萬物之有陰陽二面分見的形勢而定義：先秦有舉為專論之陰陽家如鄒衍及漢世董仲舒一流，所言皆不外物質為本之實在性；而儒家位序僅次孔子之孟子，則基於「不動心」之充沛精神逕說為「浩然之氣」，乃見有超乎物性的義理為尚之衷氣：他在講到此氣之時，上面一定要加上「浩然」二字，並且明言「其為氣也，至大至剛……配義與道，無是餒也」（〈公孫丑上〉）。宋明儒者則因對應佛、道二氏務為清虛玄妙，幌盪七、八百年長期之強勢，特就孔孟道德仁義之教，論、孟、易、庸天人性命之學，從而具稱個如如實在，煦煦常照的「性理」和「天理」，以迴向或重現華夏文化、形上形下通一之本統。其間之明為理、氣分際而辨識或議論者——如《周、張全書》、《二程語錄》、《朱子語類》、《象山、陽明、蕺山、船山全集》及《宋、明諸儒學案》中，可說至為繁多（此暫不及遍蒐彙整），大抵僉同的，莫非理、氣二名並舉，且多主「理先氣後」或「氣」應承「理」而行；所以兩代儒業，歷來學者依其「理至氣次」（義如孟子「志至氣次」）之達觀，併稱為「宋明理學」。可是我們通觀林君全文，竟無一語及於「理」，而唯「氣」之偏邊是認，並且概之曰：「中國哲學的文化傳統是以『氣』為優先的……【貿然判斷】……整個儒學應該回到一個以『氣』為核心所開出的『三才』（天地人）為傳統去說。」由之便倏忽出現個無憑無據、無來由的「道」之名號，決定是「它（道）造化了這世間，並不是人的本心體現了這個世間……。」然後在鄙薄、否認人有道德主體之情態下，攀附到《中庸》「人是『參贊天地』」之名言，來迴護他自己信得及當代許多惑於海德格而泛表現象的「存有」之論，造出個「存有三態」，即所謂「存有的根源」、「存有的開顯」、「存有的執定」等無有是非實見、正邪分明之恍惚含混的濫言；反而利用牟先生「兩層存有」之見，強牽上「熊先生體用哲學……回到王夫之哲學的脈絡」，渾稱是要「再回到《四書》……《六經》，調適而上遂於道的傳統。」看他話都說得光亮滑溜，似能教人隨從附議，實則盡是些指天畫地、書空咄咄之畸思幻影，不足真為識者取也。

林文：第四節〈存有的連續觀：「天、人」「物、我」「人、己」通而為一〉

【按】：在這裡，我們先要提出一個說明：即作者對於傳統儒家「心性為本」之重要哲學理念，從開篇至此，一直未肯正視，甚至故為逃避排棄若不屑一顧者（觀其別著之種種書文……大多如是）。這個心性為本之哲學理念之具體呈現，當該以孔子《論語》一書最為始原而真切，其間要言如「回也，其心三月不違仁。」（〈雍也〉）「仁遠乎哉？我欲仁，斯仁至矣。」（〈述而〉）「克己復禮為仁……為仁由己。」（〈顏淵〉）至《孟子》以人有「仁義禮智」之「四端」而揭櫫「性善」，由而上溯推徵「盡其心者，知其性也，知其性，則知天矣；存其心，養其性，所以事天也。」（〈盡心上〉）衍繹而為《中庸》《易傳》之自上而下逕稱「天命之謂性，率性之謂道，修道之謂教」（〈首章〉）；「大哉乾元，萬物資始，乃統天……乾道變化，各正性命，保合太和，乃利貞」（〈彖辭〉）。如今詳究此諸典獻最先啟動之思係，原始要終，無非都是以人人生而具有的「心性」為基本而展開的，其間「心」與「性」之同質而異名者，依宋明儒學之通義而觀，心則為主而兼具外向之揮發作用，性則惟見內存「德合無疆」之純粹精一。賅括言之，亦即「天人、物我、彼己一體」，「精神、質地與超越、內在流通注貫」之綜合的表徵。以是，一般地舉性而言必存心，舉心而言必及性，而整個自古至今之儒學，統可謂為「心性之學」。

茲據林君本節文旨，卻無絲毫關於心性義理之論述或投影：一開頭便從他自謂是了、無待分說的「存有」概念作提挈（「存有」之詞，我在前文及他處屢有指明凡彼唯物論者之共識是：「現實物域」中有什麼即肯定承認是什麼，並竭力追求追取之意），而且以為是「相當於中國『道』的概念」。由此一語，可知他以「存有」概念相對於中國哲學言是別有所依的。但是他卻藉此一「相當」之比附，便急轉到儒家（包括道、佛）秉孔子所示「志道、據德、依仁」之『道』上造說一套頗似華麗鮮妍，概可吸人視聽、移人情志的表面文章來。就文論文，我要說他深挖廣搜，遍涉中、西神道、人文、形上、形下各方面，確是寫得四通八搭、靈活汰侈至極，足致淺（常）人之迷誤入彀而莫逃。

抑考其實，他之定要排斥「心性義理、道德實體」必然開展宇宙人間太和永久之美善進程；獨認個無善無惡、無是無非的塊然物實之「存有」為首始，並以替代中國傳統如《易·繫》所云「形而上者謂之『道』的高格義，從而頂冒「天人」「物我」「人己」合體無間之極境，搬弄或造作其整個似是而非的假象罔世而惑人。誠然，在於前文與若干他篇之著論，我固不能否認彼亦嘗偶有帶著一個「心」字或「性」字說話的，然統皆是就物實物塊之在自然遷化過程中，顯現盲目動靜之姿所不得不為移情之認可者，實義正如孟子所斥為「小體」的「耳目之官不思而蔽於物，物交物則引之而已矣」（〈告子上〉），及所指「告子，不得於言，勿求於心，不得於心，勿求於氣」（〈公孫丑上〉）的那個死硬僵固的物質體，最多也不過如朱子不許陸象山之「心即理」，而堅決執定「心為氣之靈」的那個物化體罷了。凡此之類，根本與正宗儒家經傳──如《論語》「朝聞道，夕死可矣。」「吾道一以貫道一貫之。」《孟子》「夫道一而已矣。」《中庸》「道也者，不可須臾離也，可離非道也。」《易・繫》「一陰一陽之謂道，繼之善也，成之者性也。」諸所謂「道」者搭不上任何的關係，作者林君竟爾強行牽扯上去，發揮一套如後文煞有介事的虛華無實的擬似之論，是其何能免於「義襲而取」（孟子語）之譏也？

更有可議者，是果如其不依仁義禮智四端之具體心德而言「道」，則道之為名物或存有，乃若無色無味之一片懸浮不定的虛空（或許這就是海德格只說個「存有此在」不著邊際的謎語，由人隨便猜臆胡講之故吧），又怎能作成「天人」、「物我」、「人己」固然之連結；縱若有跡可循，亦必是任所放流，遊走無方之各道其道──就人言：則士農工商，盜匪奸賊無不各有其道。推及萬彙之物象言：則無論陰陽五行，日月星辰之俱有所道；即飛潛動植，陸海礦礁亦通有所以生生不已的自然之道，又何勞我人之窮思殫慮尋覓個「存有的連續」「總體的根源」，硬說個「人己之參贊其中」？豈非多此一舉！

林文第五節：〈詮釋的五個層級：「道」、「意」、「象」、「構」、「言」〉

【按】：此節是憑依近現代西方哲學基於「多元」興趣，發展出來幫助如何理解哲學的一套駢枝式的「哲學詮釋學」——有時也似乎有人直對某家或某類、某派哲學所以形（構）成的過節，加以分析剖判之哲學方法學與方法論者，實質上並無關於各個成家或成派哲學內容之體會；甚者且有以自己之任意推概為的見，而不惜詆斥棄絕從來大家之共識與正論，是則其流愈下矣。作者林君確實長於此方面的操弄，甚至堪稱個中能手！其措辭造語，雖有致人於惑誤之引力，但是，究其所說，大多是一個意理之繙繹複表，例如：前條據無本無根、虛實不定的「存有」之辭，混說儒家素常珍視的「天人」「物我」「人己」之學；而這裡則又藉「詮釋學」或「方法論」的方便，利用《老子》玄思妙語，正言若反之「道」，附麗於王弼之「道、意、象、言」，於中加個「構」字，安排成個周圓無缺的圖像，把「老子」原本有「德」為內容之「道」——文本四十一章：「明道若昧，進道若退，夷道若纇；上德若谷，大白若辱，廣德若不足，建德若偷，質真若渝；大方無偶，大器晚成，大音希聲，大象無形，道隱無名。夫唯道，善貸且成。」——化作純粹塊然無色之「存有」，然後配合他自己設想的「三態論」，強扯上「道生一、一生二、二生三、三生萬物，萬物負陰而抱陽，沖氣以為和……」（〈四十二章〉）之性德和真跡以自飾。其能免於《道德經》始作者假言「下士聞道，大笑之。不笑，不足以為道」之反諷乎。

何不想想！你既然不認可「道德實體之形上學」，又何所據而說：「道生一、生二、生三、生萬物」？既知道生……萬物，又何可反對果有其始生之形上實體？你把「道」當作你所認知的「存有」，又擬設一套空泛形式的「根源、彰顯、執定」的過程表象，根本無與於「道的本質」「生的意義」之說明；你以無視或拋離德性的硬心腸，滿足於邏輯理則的巧思，造出如許多偽似琳瑯活跳的文字篇章，除了一個「唯物意識」流放之快適外，究於道之為生，人之為道，成何功德？說穿了，不過就是對「物實現象」的眷戀不捨，焉能有生活世界，社會公義之可期！【按：作者這一套，頗與董仲舒之依思考邏輯講「陰陽五行，天人相與」者相類似。（拙作《儒學探源》〈第五篇、參章〉有申言，頁三三七—三九六）】

林文第六節：〈人：參贊天地人我萬物所成之「道」的主體〉

【按】：此亦當分三點評釋之。

關於標題中之「參贊」一辭，當是取義於《中庸》「贊天地之化育，則可以與天地參矣」之句簡省節稱而來。原本是「贊」在前，「參」在後（《注疏本》解為「贊助」、「相參」；《集注》則解後者為「與天地並立為三」），如今則人皆就語意之諧協，倒轉二字為「參贊」。原其前提，乃在承先一章「自誠明，謂之性；自明誠，謂之教」，而申言「唯天下至誠為能盡其性；能盡其性，則能盡人……盡物……之性……。」中間涵具功夫——「至」「盡」和本體——「誠」「性」之條暢順適而一貫；基本精神，則要在彰顯並維護「人生當體」由內至外、自上而下之為義理透徹之存在。作者林君於此立個「人：參贊天地人我萬物之『道』的主體」之標題，則我們先要問明的是：「人」究竟是何意義的人？若總括他多年來所為論說的表態及我們前面幾節之推斷而觀，他是一直不認許人有仁義理智之心或生而好善的，乃純屬塊然物實存有中一同質微量的分子，又如何能成參贊天地人我萬物之「道」的主體（這樣的標題，即就文理文法看，亦似難通。茲姑不論）？請看：他第一段的「詮釋」文，完全沒有提到「至誠」與「盡性」的先在原則或條件，只懵然衝動地造出個熒惑人之「參贊的主體」，並且是就此而決定「整個天地萬物之總體根源曰『道』」的；有了這種欽定形式——「在現實世界」中活動的「道」，便能「生養出天地萬物一切」。到得這裡，先提的「人」為主體的影子不見了，而「參贊」的工夫意義也不用了。接著卻因為「『道』要彰顯」，便再說個真似「人的觸動使得道彰顯」的實然可見之狀。如是，則又成了「人」與「道」相互外在對立的關係，乃更以明有主見或與「他者」脫序的「我」之名號，替代客觀通稱之「人」，構說一套貌似玄想而實不成其邏輯的綺思賸語：「基本上是在『道』之中，……我們不能設想一個『我』來看這個世界，在這世界之外來看這個世界，我已經進入這個世界，所以我看這個世界的時候，我是經由主體對象化活動而看這個世界。我參贊這個『道』的時候，是因為我預取了參贊的可能性。」這段說話，自有其于傳統哲思語意襲取或運作的功巧，只可惜因為缺乏「心性義理」與「道德形上學」的支撐，便如無所定止的空中幻影、海市蜃樓，不成任何的價值意義。

再說，你這種「道在現實世界中，並不是在天地之外有一個『超越的絕對者』，來到這個世界」，用以批駁西方教派的神、上帝觀，或康德的「智的直覺」只上帝獨有之說，或則可以；若以論中國傳統之儒學如宋明儒者與當代新儒家如牟先生的「天理流行」之觀念則大不可。因為牟先生本於儒家學理所肯許的，正是「天人不二、物我不隔、理想與現實共在，超越與內在合同」的。你現在也說這樣的話，卻又不認許、甚至明白對反牟先生及其代表整個儒家正義之說。實在講，不過是故反乎孟子「志（心）至焉；氣次焉」之洞見；翻轉而重蹈告子「不得於言（氣），勿求於心」之抿目盲動的偏執罷了（義見《孟子・知言養氣章》）。殊不知心（志）必據於「理義」；氣（言）乃緣夫「物勢」。凡專氣而昧理，固不真知「存有之根源」為何是者，無非淺嘗表層物界現象而是其所是之「唯物意識」之猖狂恣肆也。

你對「道」的形式，好像說得頭頭有「方」，但對道之必以「德」顯的基本性格或內涵，則完全無所關心；你的「場域說」或「場域觀」，乃「天地萬物」之具名化。不過是一塊素淨的平面大物質，其與海德格《存有論》之只能強稱為「存有、此在」的圖像式空概念，如出一轍，卻要拿來與《易傳》「乾元資始，元善之長」，王船山、熊十力明主「理以導氣、氣依於理」之至論相混而變詮，以顯其不屬於「牟先生強調道德主體優先性……會有極成獨我論的可能，及導致無世界論的傾向」之跳脫。這不僅是無端的「杞人憂天」，更是「欲加之罪」的「涅而緇之」之辭。雖曰口給敏銳，超人一等，其於大義之昭昭在人者何得而破也?!

林文第七節：〈文化教養：暢其欲、通其情、達其理、上遂於道〉

【按】：作者林君先前從塊然物實的「存有論、學」起思，蜿蜒曲蜷地挖掘過各種相關而實欠妥洽的問題大發議論之後，到這一節，才感到一個社會群性的「人文教養」之必需。而且特意表明「不是就價值說」，而在於為「心性結構」之得為「結構上」說；因此，「不能夠沒有代表『根源』和『落實』的上、下之別」，便挪移或僭用到《繫辭傳》「形而上者謂之道，形而下者謂之器」，來敷說個「『道』和『器』似是通而為一的」，終遂歸結到：「人……心識的活動，必須要跟身連結在一塊」，成就其「基本上人都有這樣一個現象」及「道、理、心、情、才、欲通而為一」的論述。我們詳審其思言往覆之依據或準則，絕無令人有感如儒者「道德本心」之持載，或康德「自由意志」之沖發；只見其擅運文法修辭和邏輯法語之生硬而強固地套說。他所平列並舉的「道、理、性、心、情、才、欲」等之名言物事，是可概括善惡、正邪人如忠義之士、奸匪之徒而共稱的方便用辭，並無《中庸》、《易傳》推重的「至誠」、「盡性」、「成己」、「成物」之聖人心志的蹤跡可尋。此大有關乎「真理」與「偽學」分辨的關鍵所在，實不容我們粗心地輕易略過！

其次，林君引述「王夫之認為一般所說的縱欲根本是遏止慾望，是縱一欲而扼百欲。」照此語句的作意看去，船山本人到底是主張「縱欲」還是主張「遏欲」？完全講不明白！因為二詞的存義及形勢是絕對相斥而不能互容的——不僅縱欲就不能遏欲，遏欲就不能縱欲；而且是南轅北轍、愈行愈遠的。船山於此，究何所取？更不知林氏的引述，援自何種典籍？依林下文的「詮釋」，是以「欲」為主體而說「我們應該正視欲望本身的重要性，不應該制壓欲望去呈現天理……。」若然，則船山是不贊同「遏欲」而無寧是容許「縱欲」的了。其實，這不過是林氏自己一向堅持的意思，船山前半生護明，後半生窮居窯洞著書，那裡談得上「縱欲」二字？恐怕連「遏欲」一事也全歸無有吧！即或有因晚明「講良知學者」之流於狂禪，衝撞或窒礙人正常生活，而偶就「天理」「人欲」稍加抑揚之辯者，也不可移轉成「縱欲根本是遏欲，縱一欲而遏百欲」的矛盾費解之語。在我的記憶中，船山確有過「立理以限事」的名句，那是說從來有些人自立個理去匡範事物，將有大害於天下的。今觀作者林君其人，正是深陷此蔽而不自知者。

最後二段直接提舉教育而言：「教育就是生長，教育不是控制，教育不是壓抑」。此乃近現代（約自上世紀之前半年代起）一般從事教育哲學研究者，本於實用主義杜威所倡「生活即教育」理論風行之用語；由之進而揭其目的——「暢其欲，通其情，達其理，上遂乎道」及「生活的安頓」、「生存的基本要求」、「生命意義的認定」等三個層次內容或方法之排定，措辭造語，俱頗明潔美雅。就文化學大義或教育學功能之一般向度言，應該說大體是正確的。其對當前世界，尤其是當代中國或臺灣教育的現狀，有頗為切實允當的批判性。然若就其整體之思維觀之，你前文既多不能肯認心性為本的義理之學，誠明之教；此間卻又似欲拒還迎，橫撐豎架地盡講些是非真妄莫可明辨的諢話（請參閱十六頁上欄「整個教育……」起至下欄「……生存的需求的驅力給吞沒掉」止）。如實理會：無非要在打落道德形上學為宇宙人間基源的意念下，惟現實物象一層之經驗性功利是求，固必不可能達致獨個所想望的高明境地，而反以加深現代文明的快速頹墮；於是便引些先儒經典之言作裝點，藉為掩蓋內蘊或潛藏的唯物意識之激流。殊不知，這正是促使且助成時下教育走向「物慾為尚、人道隳毀」最強最烈之毒劑所在。何其令人費思莫解之甚也！

林文第八節：〈政治社會：從「血緣性縱貫軸」到「人際性互動軸」〉

【按】：你這是將「政治現實」與「人生理念」糾合在一起說話所構設出來的兩個公式——「血緣性縱貫軸」與「人際性互動軸」，行左右套括的姑妄言之和處之：中間確有其甚深的學問和關係，我們現在需要先作個簡明的辨識——政治現實是以利害為基點而應屬人權之保障或維護的；人生理念則是以道義為原則而正視倫常之輔誘與鈞持。二者之為文化的存有，雖可並立，卻不可不明分際而混為一談：在於人類之歷史社會中，因為政治本質為權力的象徵，也是權力的集合，特別具有對人、地、物、事方面的侵奪性；以致理當為獨門徑行、思求參贊化育以完成或實現人生理念之儒士，便往往被掩蓋甚至被壓抑而屈服於天成霸氣的帝皇威勢之下，不得伸舒。這種情態之在中國，自夏、商、周三代開創盛世的禹、湯、文、武之裔孫，即已漸見履霜堅冰之象；至於秦、漢以後，則成家天下封閉之定型，而益顯其惡跡昭著且固結難改者二、三千年。凡此倚仗權位躋起霸力的政治不軌之流，原本亦非儒者全然認可為合理之政制：溯自孔子之生（西元前五五一—四七九），即開始建立了別於「王治」之道德為尚之「仁教」，明言「唯仁者，能愛人，能惡人」（〈里仁〉）；「為政以德，譬如北辰，居其所而眾星拱之」（〈為政〉）；「克己復禮為仁，一日克己復禮，天下歸仁焉」（〈顏淵〉）。孟子繼之，則具稱「不嗜殺人者能一之」（〈梁惠王上〉）；「以德行仁者王，王不待大……以德服人者，中心悅而誠服也，如七十子之服孔子也」（〈公孫丑上〉）。如此語言，固然未是直接對反君權政治而發，但其精神之不倚於政治，而唯依仁以張德化，得為萬世人之繼繼繩繩尊仰崇美，便自然成就一無形而有力的「人文理想」之傳承，其價值位格之勝過君位斷續，朝廷興滅者，不知幾千萬倍！

如今，我們不管面臨到一個怎樣新異的時代，總應知道：宿素之中國，固有其並齊、而且強韌力遠超乎奪權攘利，闢疆佔位的帝皇專制，而唯謹唯慎、克始克終地敬事修身正行，移風易俗的文德化育之道統或教統必予堅持維護，方得進言有其立足世界的族性的存在價值。否則，將如失本失根之飄萍浮梗，便想要跟人學樣也不成。作者林君可以說見得了一些歷史偏邊的缺陷，不但無感於先人創業維艱的同理心；且併儒家率性為教之道業，亦儘自詆毀拋擲而不惜：一味橫議地思把孔、孟最所鄭重的德先乎政之觀念如：「政者，正也，子

（君）帥以正，孰敢不正」（《論語・顏淵》）；「君子之德風，小人之德草，草上之風，必偃」（同上）；「親親而仁民，仁民而愛物」（〈盡心上〉）；「人人親其親，長其長而天下平」（〈離婁上〉）等……諸多發乎仁心理性，極盡通情順意之至道至德，羅織為公式化，說成是一種生物意義的「血緣性縱貫軸」；然後藉著現代人已經政治覺醒建構具在的民主憲政程式，浮泛地崇讚以機變莫測的「人際性互動軸」之美稱，決不一問其有無仁愛誠信、公明廉直之「實心」，甚且立意反對之，而詈為「道的錯置」；硬要來個不可能的逆行倒施——「從外王到內聖」。誠不知其何解於通人之共見與常識？

林文第九節：〈解開「道的錯置」：邁向公民社會與民主憲政〉

【按】：你這裡說：「儒家強調『凡聖者當為王』，結果剛好變成『凡在權力上已經作為王者，他就是聖』。」完全是捉定現實政治滾動流勢所衍生的陛階假象如：一般具臣乃至世俗之稱「天王聖明」「君頒聖旨」等下氣卑躬之鄙態而來；不知向來亦多有直戇諍諫，格正君非之大臣風範，遂一竿子打落整個儒家學者尊道踐德、高卓偉挺之品儀，視為其固爾難辭、不可洗脫的過愆，然後構造出惟其所思之套套邏輯公式而加之罪，並且放言高談——「解開『道的錯置』：邁向公民社會與民主憲政」，彷彿真理妙規盡在於彼，別無他號者。

究其實際，不過是滿足於方法學上的文飾巧辯，縱然語意表現得招招似道，處處見血，或有可以促使當代新儒學者提高一些程態上應行的注意，但以其居心畸岔，務為銳穎，便只見為上不著天，下不著地，四方不著邊的畫空虛影而已。

以上我人之徑作如此刀切式斷言，絕非意氣用事使然；實因感於當前世運日趨衰敗的濁流之源有在於斯而不得不爾。試請回想他前此的篇篇冊冊的文字，那有不是以政治現實為重心、傳統帝制為對象，再三再四、反覆申揚幾個自是而非人的意念？蓋其基本習性，是絕對蔑視且排斥形而上之「道德實體」或「心性主體」的義理之學的（這可從其十餘年來一直針對傳統儒學與新儒家進行雷厲風捲似的反向嚴批而徵實無誤）。如此一來，那麼誰可知道，你所奉為十全十美、期盼收獲的「生活世界」——「公民社會與民主憲政」，在於人的分位上，到底成個什麼意義？沒了人之良善性靈的根據，而只由赤裸裸的慾念或嗜好任運而動、盲目以趨，又如何能夠達成價值為本的相尊互敬、公平民主的理想政治。關此，我們應知人間世之內在結構，可以不必定要在政治方面「計斤論兩」，而惟謙讓為禮、互尊互信地相融與交合；卻絕不能在低估甚至鄙棄道德操守，而僅於政治權勢上追求「斤兩均分」即得和樂安善的。這是徵諸古今世界各國之歷史及當前社會實況而昭昭不爽者！

再者，你對中國哲學史上之人物，除就孔子及其二三弟子摺取支言片語，作附合己意之比譬外，最常見的是獨挈王船山重視生命平衡而喜「理」「氣」對揚以言，或直說「兩端而一致」之「氣」的單邊概念，視為宇宙或世界的「存有」之全之真，根本是「唯物主義意識流」之借屍還魂，害且無已，禍且無窮，還能期望什麼「從外王到內聖」？近百年來，馬、列、史、毛之憑以推展「共產黨」革命制度，坑人殺人，動以千萬計，不已明白證實它的結局了嗎？聰明而讀書甚多的林先生，怎麼還要繼續踏著這條血路，縱放再度燎原的火苗呢？

林文第十節：〈以「社會正義」為優先的「心性修養」〉

【按】：細察這一節的標題，作者林君正似實有「心性」之為「主體」的意涵：在於其間，原有多宗或多種當行應為之事項——如孝親、敬長、睦鄰、信友、輔鄉、愛國、濟孤、救困……等等不一而足，但必須以「社會公義」之維護或實現為「優先」（「優先」之詞，只是說其應為前提；非可執為獨一也）。若果如是，自亦可說為如理合宜之推判。然而從本文第一節（亦可包括以前的大多論文）至此之一貫論旨，並不能令人有感如上述正定之志念，倒是於其續行詮表之文意中，依附著「民主憲政、公民社會」說到的「道德」、「修養」、「實踐」……等等之辭語或措意，都只見為零星點綴、割裂破碎之配稱；毫無足當敦篤主導、成己成物之卓越性與必然性。套句古詩人的成語「為賦新詩強說愁」，不過是「為博眾議空表情」而已！其間堪為具體足徵之跡證者，則在你既已強烈批判、否定「形而上的道德實體」及「良知坎陷以從物」之可能，而這裡卻又隨意攫取古聖王或聖人本於道德良知，發為仁政義行，以致國富民安的理論和實績，來作偽似高格調之敷衍，我不願說全是「語無倫次」，也實在難免覺得有幾分吊胃口、打混戰的味兒！坦白說，我們不是不願欲社會公義、人人得享公民方式的生活世界，只是擔心不由道德良知領先，而惟光禿禿的唯物意識之倚賴和操弄，將反以見你所詬詆傳統儒家「道的錯置」、形成「帝皇專制」的惡果，恰恰完形地翻轉映現於當前的社會，浸假而為現代乃至後現代的毒瘤而為害更烈了。

以是，我們要再回溯你在前段的表意：極盡反覆迴旋、曲屈委折地說到儒學對於「良性的民主政治」可能的貢獻，不該「最後只落到一種道德匱乏，人文的匱乏，人存在意義的匱乏的那種鬥爭……必須好好去正視一個實際的民主憲政跟公民社會的建立……從外王的學習過程中調節內聖，而在實際的發展中則是外王與內聖『兩端而一致』」。此從外延的形式看去，確似說得周流圓活，很不容易找到缺隙；但從內容上認真地求為生命切實依持的分析，則你所提示「文化傳達、資質提昇、道德教養」不得匱乏的「道德、人文、人存在的意義」三個實為宇宙人生柱石或綱維的物事，並無任何「在其自己」或「對其自己」堅韌不撓之貞固性；而僅僅是要借以滿足一種「在過程中展開互動與交談的可能……」使「儒學亦能起一新的〔調節性〕作用」，達成「外王與內聖『兩端而一致』」之一般〔介助〕的便利而已。此中，關於「道德」「人文」二大項，乃通人皆一目而知其為當然而必然的天則，不用我人三復贅言；惟獨「人存在的意義」及因人而衍生的「民主政治」，則仍須特別辨識，方得正解。

須知所謂「人存在」，不得以「凡存在便是意義」。事實上，聖賢君子與奸邪小人；平民百姓與盜匪流氓，都是存在的人，豈可不分皂白，概稱為俱具存在意義者？蓋必其素行端方，言語忠信，且果能為道德理性（良知）的實現或實踐，才能算是真正有「意義」的「人存在」，否則不是。至於「民主政治」，確是一種良好的政治制度，但制度之是否良善？則是個客觀的問題，對錯與否，可依邏輯法則作規限；要說「良性」的，便顯然另加了人之心靈意識的衡定與抉別，並且需要存心盡力去推展。你說「人必須好好的去正視一個實際的民主憲政跟公民社會的建立」，誠然！誠然！可惜的是你一向只想在客觀的制度面上打轉，而不肯回顧其應有而必有的超越又內在的道德心靈主體之操持運作於先或之中，那麼你接著所講的那些類似發展性的成績，雖是美好，也不過如鏡花水月之無根無據，將會只見迅速枯竭而為兇殘暴戾之徒利用詐騙以大禍天下的。這是古今中外屢見不鮮的實狀，能無懼乎！

林文第十一節：〈傳統經典之詮釋、轉譯與創造〉

【按】：此第十一節在全文結構上，是屬於尾聲或餘言的部分，但就言思運作及內容意旨看，並非如一般簡括前文要點重述的結論；倒像是其一己通體之生活經驗或行為經歷之鋪陳和寫照。

前面兩小段，說的是普通家庭、學校及社會，關於青少年乃至成人之智識、品性培育的問題。其借「讀經」或「釋經」之作業為切入點，確屬著實深耕、完善而有效的進路。蓋林氏之前由在「清華」「南華」等大學共同科目，多年擔任「通識教育」的課程所歷練、研習而必有、必至之一種備全的資訊與方法。就此而言，自然是最為扎實可取的教學指引或程式，無或有人能為異議或反對的。

至於最後一小段，則是其自感平素之一切造說，將有或已有他者不見認許而行批評之可能的防止或遮掩：外既無所明指之對象；內亦惟欲掬誠自表其思維習慣之所在或所由，則無論當理與否，固非我人之需要再為或應為審評者，故本文不復多事析論，徒滋無謂之紛擾也。

乙編：

正理平議與觀行紀實

壹、道德主體與道德實踐

——關於人文歷史、社會根源義理之探討

內容提要

本文以闡發傳統儒家之思想理念為重心。目的則因近今世人之性靈生活，形似汩沒；社會規制，瀕於崩解。邪說橫議，戾氣妖氛，幾已遍文史哲教、朝野上下而俱遭浸染。長此以往，其將延及整個族類精神之墮廢、文明之消逝，誠屬岌岌可慮！是故留意於儒學大義之推擴揚舉，以求有所匡挽。此番所擬題目，乃扣緊本大會主題——「當代社會之道德重整與心靈改革」訂定的。姑先稍加解釋：即所謂〈道德主體與道德實踐〉，蓋由肯認任何一個人之

要成為人，必須堅執固守、甚或生死以之的基本原則——「主體」等於生命；「實踐」等於行動。依道德的生命作道德的行動，便構成一個人之所以為人及其存活於天地間的意義；否則便不是人而與一般的禽獸沒有兩樣了。順此以思，則道德云者，無論從主體或實踐的層面去考察，它的意涵，絕非來自外人或外力之強行灌鑄，而是個人根於本心自動自發之流露也無庸疑矣。內容概分五大節：1.歷史、社會文化之生發及存有意義通詮，2.道德主體深層義理之解析，3.道德實踐與歷史、社會之關涉，4.理想充拓下之道德、學思、政經三統並建，5.道德主體及道德實踐之提振與完成。凡此所為議論，或未極於周全，要在略貢褊見，與時賢之有志拯溺者共勉耳。

一、引言：歷史、社會文化之生發及存有意義通詮

宇宙間任何物事之存在乃至生發成長，必有其所以得為存在生長之理由，是之謂「意義」——意義者，價值重輕之衡準也。文化為人類生活動止所成之業績，且是合群併力，因故習常共創之大宗業績，其必有理由之貫串於中，並顯為價值意義之存在，固無庸疑。惟其實質內容如何？則須就人之所以為人者而斷之；而人之為人，自太初玄元肇始，迭經生生死

死，起起落落之無窮世紀不絕，皆若與普通萬物，同為一自然生物之延續演化。但在吾人今時反思若干千或萬年前，先民漸依天賦條件而利物致用，聚族營生，便見其為宿具優勝於他物本能之存在；嗣經逐步進展，至於發明文字，表白意見；蔚為語言對應，思想交通之社會組織和制度，則更有顯異於他物之高度的文化意識而別如天壤矣。迨及凡民滋多，物域愈廣，則因習染殊方，導引知識認證之或得於此，或得於彼，自屬常情之所難免，而亦胸襟開擴、志業張拓之所必至。然而天常之中，成敗興廢，悉由自召：乃有太多人之迷途而不知返，放心而不思歸；且自甘之如飴，趨之若騖，忘其天賦之所以為人者，則不僅無或超脫於他物，抑將淪於相與同等之境地，如孟子所謂「飽食煖衣，逸居而無教，則近於禽獸。」遂致進化結果，反莫若玄元太初渾沌之狀之為得也。於是，孟子繼復舉例曰：「聖人（堯舜）有憂之，使契為司徒，教以人倫：父子有親，君臣有義，夫婦有別，長幼有序，朋友有信。」再加上益之掌火烈山，禹之治水疏河，與夫后稷之稼穡樹藝，使民得平土而居，五穀而食❶，是故有唐虞三代國治天下平之盛況。

逮及夏、殷末世，與春秋、戰國之期，果真人心不古，道德衰敝，邪說暴行，代作代

❶ 以上記言和紀事，均見《孟子》〈滕文公上篇〉。

興，至於「臣弒其君者有之，子弒其父者有之」，其極且幾達乎「率獸食人，人將相食」❷之慘狀，然後孔孟為之甚懼，起而倡行教化以事救正：其從入之徑路，即直接提示人之始生的本質，原係至善而非惡——孔子則以為「人之生也直」，不當是「罔之生也幸而免」（《論語．雍也篇》），因而揭櫫人為中心的教旨，肯定「仁者人也」（《中庸》引）。明言「為仁由己」（〈顏淵篇〉）；「里（居）仁為美」；「君子無終食之間違仁，造次必於是，顛沛必於是」（均見〈里仁篇〉）。孟子則承孔子之仁教，見得人所異於禽獸之幾希，一再具稱上古：「舜明於庶物，察於人倫，由仁義行，非行仁義也。」（〈離婁下〉）「舜之居深山之中，與木石居，與鹿豕遊，其所以異於深山之野人者幾希；及其聞一善言，見一善行，若決江河，沛然莫之能禦。」（〈盡心上〉）於是力主「人性本善」，申言「惻隱……羞惡……辭讓……是非之心」，為人之能為「仁、義、禮、智」之「四端」。凡此，皆是從生命源頭處，揭露人之所以為人，與人之應當如何自安於為人。切實而言，亦即體天常，立人極，亙古亙今，不容廢弛、不容異議之盛事，故能開爾後中國數千年歷史文化之正向，形成光輝顯耀之大勢。雖在迤邐進展之過程中，饒有許多非理性物事如：暴君恣欲，酷吏虐民，奸貪行險，邪穢當權種種惡劣現實之生發；而整個華族生命精神之企願乎德化，奔趨於善道，總由儒者之前仆後繼地運轉推移下奮揚不息——漢唐威儀，感通胡越；宋明理學，融攝佛老。政刑有度，藝業常新。於以造就獨一天挺式的人文為尚，禮義為宗，眾皆可與於踐行之道德傳統，亦云美矣！

惜乎衍至清世，皇家（朝廷）以部族統治之狹隘心理，箝制思想，誘引士子傾力於虛榮淺利之競爭逐求；迫使學者屈志於飣餖瑣屑之考據訓詁。久假不歸，人便不復知聖賢學問之何是，民族義命之當續。適於此際，又遭逢一個唯物量器械是崇，實用功利是倡之西學，挾著堅船利砲，蠶食鯨吞的侵略野心，席捲東來，遂致民初浮妄之徒，一味捨故趨新，甚至極端鄙薄中學，惟望西化，公然敵視傳統，詛咒先賢，攻擊破壞，不遺餘力。以是文教日疏，亂象畢露：野心家鑽隙猛鬥以奪權，然後控屠異己，如宰雞羊；眾百姓隨波逐流而失所，終淪強劫他人，如刈草芥。近百年間，利用之物，似以工於摹仿而稍有改進；厚生之方，卻因忽於善誘而反成禍害。所幸濁浪滔滔、赤燄熊熊之中，獨有少數宿儒知幾其神，不隨瓦釜雷鳴，固守黃鐘正韻，抱「千萬人吾往矣」之大勇，「保孤明以存千古，握天樞以爭剝復。」❸惟精惟一，不厭不倦。乃得眾多有為有守之青年志士同心共感，蔚為當代儒學流風雅致之新

❷ 均見《孟子》〈滕文公下篇〉。

❸ 含意出自王船山。牟先生致王道函曾順之以造此語。

貌：先是熊（十力）梁（漱溟）馬（一浮）林（宰平）……諸老先生之砥柱於大陸；繼之則張（君勱）唐（君毅）牟（宗三）徐（復觀）……等教授之揚聲於海外。俱見有奮然昭彰，可敬可法之實情實績在也。

二、道德主體深層義理之解析

夫所謂「道德主體」，順儒家之往常意思來說，即本善之人性相應客觀外境而顯獨特挺立之現代術語或名號。這個名號，基於本文大旨終在強調人之自為主宰的覺悟與操持，固必有其適切之表達效果而不可易。但此處因多秉古先經籍成說為論，則仍以傳統式的「人性本善」作基調來詮釋，比較方便。

如前所言，人性本善之觀念，蓋緣於孔、孟見得衰世末運人之退墮於物化而不自知，是故直揭人有先天固具之本然良善之心性，以釐清人不可與鳥獸同群，及所以異於禽獸之幾希，由而創闢「守仁行禮」之教，發明「盡心、知性、知天」之奧義。這是為人之生於天壤，建立其卓絕挺拔，自爾應然，且必須備足的穩固基礎和先決條件。古人稱「天不生仲尼，萬古如長夜。」「孟子功高於禹稷。」誠貼切至當之巧譬善喻也。

不過，所云人有先天良善之本質，初亦只表示一潛在之可能，並非謂其為現成之已然或固然。原因是人之為生，畢竟跨屬「精神」與「物質」之兩境：精神者，心靈之徵象，主乎身而無形；物質者，身軀之屬性，役於心而有跡。無形則易流於疏忽，有跡則易見其執著，是通常人所以輒有隨而生起之種種欲求。如果順隨這欲求的方面一往前奔，不由良善心性為主以運疇制節，則終將下墮，齊於全無價值意義之他物甚至禽獸；而原本良善之心性，亦遂退隱而歸於晦冥——縱謂其有，實等於無。所以人若欲得成就異於他物或禽獸之高尚人格，正復有無窮乃至終身不能稍懈之工夫待作。《易・文言》曰：「聖人作而萬物睹。本乎天者親上，本乎地者親下，則各從其類也。」是「作」之工夫，必有所本於天地。天上、地下，流形其間者，莫非一個「親」字！親則為良善心性具體遍運，足致萬物各以類相順從之效應。此即孟子論「不動心」所以極於「配義與道」的「浩然之氣」；而當代大儒牟宗三先生則以心性主體之能盡性踐形為「實現之理」故也。❹

「實現之理」之為名義，是相對於「形成之理」立意的。表面看來，二者似屬平列，實

❹ 孟子論「不動心」，見〈公孫丑上：知言養氣章〉。牟先生言「實現之理」，具存於《道德的理想主義》〈論無人性與人無定義〉一文。

則應有等級程序之分：關鍵即在就天人合體之生道而言，明有心、物位階上下之不同——前者依超越而內在之心性之主動發露，故曰「實現」；後者取流衍而外露之物事之自然湊聚，故曰「形成」。實現，則見有意志之選擇：既名為理，便表明是實質良善之執著；中國先哲，就是從這內具於己之真際，逆覺地體會進去，故可逕謂之「性善」或「良知」。形成，則為無目的之偶遇，亦命以理，乃曲許其在經驗過程中之自然法則的作用。西方智者，就是依彼外顯相對之形式，順向地下手把捉，故能開啟「認知」而著「實用」。若刻就文化領域判其經營或造作的價值：後者——形成之理，則以不關成敗得失，而純屬中性無記之概念；前者——實現之理，則以必辨是非善惡，而足為守常應變之準則。所以在於人之生命活動中，一則祇管前衝，無所顧慮，結果是成得什麼，就算什麼；一則通觀全局，常懷憂懼，輒至於有所必為，有所不為。此便是中西歷史及社會文化異途分進之大勢。就各自既見之績效而言，或已蔚為龐大豐盛的知識世界；或已極成高卓浩渺之道德宇宙，本質上並無不相容受的衝突，而正可互補互助以臻愈加完美之整體，推致人類于無窮之福德境地矣。

然而近世學者，卻常於其間有畸輕畸重之偏好，甚或執持一端，肆其情識以攻訐他人議論之不合己意者。究其所以然之故，則並非資性不敏，為學不勤，要在致思之未得環中也。根本處，即由對形上、形下之兩界，無有感通耳。此而無感，則必置超越的「實現之理」於無取；而惟知性或觸覺可及的「形成之理」一邊之逐求與利用。這個領域，當然也是無限地寬廣，而所為內容物事，且必是無限地繁複眾多的。人之投擲其中，拾掇所有，正如海灘拾貝之不勝盡收，而又全被吸引佇足，莫肯移身向前，終致僅識此境，不復知有彼岸之別蘊珍藏。縱有好心語之者，亦常遭蔑視、輕鄙而詆譭屏棄之。類此情景，在於專研物理物實，獨擅自然法則之科學家，容或可以諒解；最難令人設想者，是許多從事人文理想價值之探討——包括所謂歷史學、社會學、哲學、人類學者……之流，竟也屈身自抑，跟在惟形下器界是剖是析的科學家後面吶喊助勢。他們意在方便科學利刃的進展，輒為創製種種反人文、誤人文之乖僻違理之說辭，美其名曰某某主義——如唯物主義、結構主義（反）、經驗主義、實用主義（誤），乃至極具煽惑性的反資本之共產主義，反規範性之自由主義等等，統皆不識自家心性本善，或識之亦不承認——因為會妨礙其劣陋情欲與陰暗意識之恣縱伸舒也。看他們的論說行止，有時也頗似持之有故，言之成理，甚至昂揚似勇，淨潔似清。但在絕對真理之照映下，無不同屬大惡大非下之小善小是；大私大害下之小公小利。從歷史、社會的角度去考察，凡由此類人或信受此類思想人之得勢當權，未見有不奸貪險詐，變小善小是為大惡大非；移小公小利為大私大害，弄得天下紛亂而原形畢露者。依於此種幾近必然之情實，可知古聖前賢之論人抉事，特別首揭人性本善之教，導使回歸所以為人，且期必於誠意、正心、修身、齊家、治國、平天下之本末先後、相貫互成之大效，其意旨與構思，豈不至為深遠乎？人其焉得反而誣之也？

在此，或亦有致疑於人性之既善矣，何以世間卻仍有許多不堪聞問之惡人、惡事？其起源究又如何？這確是個嚴酷而必須正視、並予對治的問題。從來宗教家之所作為，時無論古今，派無分大小，基本上莫不是針對此一課題而用心致力者。其間自有甚足引起學者、通人共感共鳴之顯教——如佛教、基督教……之普行於世。前者依緣起無明觀點，概括一切之現實存有為苦海輪迴，得藉佛心大悲以化轉之。後者則以亞當、夏娃偷吃禁果而致原罪，必賴上帝垂愛始得救拔。二說皆可由「誠則明，明則動」而致堅定信仰者之衷心悅服。然吾人於此，則總覺猶有理未盡圓者：要在「善」與「惡」之永為相等對峙之存有——佛或上帝依大願大愛，從善界投身於惡界，又憑神感神通轉化惡世為善世；但因其必豎一惡之形象為所對，則只要現實世界一日未得消除，那麼神佛之投身救贖工作，亦便永遠不得停止，而有若與魔鬼終天各據山頭較力之嫌。此於至理自未極於圓順，所以牟宗三先生嘗取《墨經》「堅白離、盈」之說，直判耶教為「離教」；於佛（老）則雖不謂離，而亦衹算得「偏盈」；惟儒聖之教，乃可以稱之為「正盈」。❺我們詳審儒家經籍，似無明顯相對於「善」而申言「惡」之何是和起原者，僅有就人之行為失檢，流於偏蔽，而隨各別之情態以為之指示或非斥，如：便佞巧偽，放辟邪侈，乃至貪婪奸險，暴虐戕賊等一些描述型的詞語。此其故何也？實因儒者心中，原無相對於「善」之「惡」的地位可言耳！此本是一具無限包容量的「直方大」之存想，卻與世界許多專以攻治罪惡為重心或目的的思想文化大系，顯不同途。然而一般好作聰明之徒，遂逕謂儒家思想與中國文化為淺露，則誠不思而適以自墮無明之甚也。

於是，竊以為今之君子，首須知得儒聖之思理，其於宇宙滿眼所見，惟是一個完美無缺的本體。所以《易經》以乾坤二卦表象天地：彖傳稱「大哉乾元，萬物資始，乃統天。」「至哉坤元，萬物資生，乃順承天。」繫辭下傳則總結之於一語「天地之大德曰生。」至於《中庸》二十六章則盛稱「天地之道，可一言而盡也：其為物不貳，則其生物不測。」又引「詩云：『維天之命，於穆不已。』」終至極贊曰：「『上天之載，無聲無臭』至矣。」由而揭為超越普遍之實理，依人之生命精神對越而言之：孔子則謂之「仁」，孟子則謂之「善」。曰仁、曰善，實體是一。不過，孟子秉孔子「為仁由己」之義，逕就內在於人之心性而稱「性善」，是更進而為凡民指證並奠立其易於解悟之根基耳。此一義路，後世正宗儒

---

❺ 義見《現象與物自身》七章之十三節，頁四五五。

者，乃至若干異家之宣說，似皆默識信守不能有非議。❻茲為釐清善、惡相關之分際，使長久以來模糊印象之歸於明朗，吾人正可循孟子言意所至而辨其實理之深蘊。如曰：

浩然之氣，至大至剛。以直養而無害，則塞於天地之間。（〈公孫丑上〉）

盡其心者，知其性也；知其性，則知天矣。存其心，養其性，所以事天也。殀壽不貳，修身以俟之，所以立命也。（〈盡心上〉）

萬物皆備於我矣。反身而誠，樂莫大焉。強恕而行，求仁莫近焉。（同上）

君子所過者化，所存者神，上下與天地同流。（同上）

諸如此類之觀念❼，試作「充類至義之盡」之通詮，則分明蘊有兩種不可否認的情實：一即宇宙間純粹是個善為本體之發用與流形；一即人生之順其正性以為活動，則將見全幅是美善之行事與人格。就在這種意理之涵蘊和印持下，所以傳統儒家，自然銷解了惡之可為對立存有的地位。明白言之，亦即根本無有所謂惡之定然為彼不為此的一個主體性物事，它只是一些散亂紛歧，歪曲荒謬又互不相容的污穢雜質而已矣。其流出之處，在宇宙，則因生生之善體有關翕；在人身，則因孜孜之善行有類分。中間不免留下些許空隙，得為所乘致然也。如是，則凡人之願欲蔚成真善者，便只須時時堅執其本然向善之決心即可達至，而又何用咻咻焉必豎一惡之敵體，相與周旋，徒事無裨世務之煩苦乎！❽

三、道德實踐與歷史、社會之關涉

「實踐」之為辭語或觀念，是中國傳統思想，尤其是儒家學問中特別重視的一個環節：表義即心志、言說之所存想或解悟，俱須付諸行動，得使成為具體可徵且見效驗之物事——實者，著落具現；踐者，踔厲發揚。譬如：欲觀泰山，便往登泰山；欲測北海，便臨蒞北海。當其成事，即為實踐；不及實踐，則事不成。此自古聖賢學者共知共感而必敬謹循持之

❻ 縱有輕為異議，如荀卿主「性惡」，董仲舒主「性禾善米」，亦終因肯定人之「能為禮義」、「能受王教」，反而證成了孟子性善之說。

❼ 宋明儒中開宗衍派之大師如周濂溪、張橫渠、程明道、胡五峰、陸象山、王陽明、劉蕺山皆秉之有概伸。

❽ 以上關於善、惡理念之疏論，拙著另有〈孟子性善論與人生存在意義之省察〉一文曾予詳析。論文發表於美國孔孟學會一九九〇年六月在洛杉磯加州大學分校舉辦的「國際孔孟思想與中國文化前途研討會」。臺北《鵝湖雜誌》十六卷五期一八五號刊出。

大節也。惟天下待成之物事無窮，而人類相應之實踐伋多，數既不可以枚舉，義亦難於別對錯，則要須區分「善或是」與「惡或非」之兩個大類以抉之——善或是者則合理，惡或非者則悖理，所以去此即彼，捨彼即此，二者全相對反，絕無可容左右遊移之中間駐足點。❾依此為判，則實踐行為之或豐或儉，及能否悉數列舉標示，倒是無甚緊要，因為人之才性智能各殊，向於此或向於彼，為之多或為之少，其間並無高下賢鄙之可言。問題惟在：一一當下之視聽言動，恰不恰合通全人類而皆然的、好善惡惡之本性本情。恰合乎本性本情者為是而當有；不恰合者則為非而當戒。這是個普遍有效的、定然不可或缺的準則。否則，人各但憑私己之興會立意，而是其所是，非其所非，如某黨或某類人之本在嗜殺搗亂，卻托辭改革，儼然自命為實踐，則天下百姓便勢必遭致大殃矣。儒家聖人，正是先見得將有此種弊害之臨至，所以殫思竭慮開發人生實蘊——既內在又超越之仁心、善性，良知、天理為真體，由之以應萬事萬物，而後萬事萬物始可各得其所而無虧欠。然而在於今世，實有許多堪稱絕頂聰明之學者，則單持理智科學之論，崇尚多元，競逐雜技，至於橫決泛濫，挑激眾皆專務自我權益，不管他人死活，還以為是知能之推伸進步者。是故理宜於「實踐」之先，加一表善之主辭，而曰「道德實踐」，蓋以奠宇宙人生必然之正趨，而規歷史文化、社會機制日漸湛美之清流也。

然則執多元是崇、雜技是競之見者，果何所為思乎？嘗試察之，彼其先，固惟繫戀於個人之現實享樂與權力擴張，然後要為欠缺客觀貢獻而內省有疚之慚德解嘲，便藉著中立而可偏運之邏輯理性、知體常識，千迴百轉地設想套套足慰私懷之畸論或行動方案。其間最為大膽放言並事煽惑之魁首，則莫如高唱入雲，風靡一世的所謂「唯物主義者」。箇中份子，從始創者之明確認定宇宙為純粹之物理架構，根本隔絕形上實體動發生生之精神價值，視一切存有（包括人類）皆屬自然氣運變化興滅之物質，任憑強有力者之把玩捉弄，因而導致本世紀幾近過半數國家億萬人民，如陷水深火熱之大災難；迄於今時，仍有太多全無感悟，卻竟名列哲學專家及他科學者之流依隨附和，或則續製新議，資為末路之掩護；或則蹈襲餘勢，幸圖非分之成功。他們認知之著於歷史，則只是唯物演化的；著於社會，則盡是階級鬥爭的。在「意的牢結」中，他們不僅極盡煽惑能事地誇大資本家的惡形惡狀，以激起工人的仇恨心理，同時也硬梆梆地造作出一套套令人目眩神迷的說辭，如所謂「唯物辯證法」，以及「結構性因果」所成「結構性整體」等等的名號。如其實意而言之，無非即謂歷史不過是「時間

❾ 王陽明四句教有「無善無惡心之體」，即意謂「無善無惡，便是大善」，蓋肯定善心為絕對之超越體也。俗世間有「不為善，亦不為惡」之說，揆其本情，乃不欲與外界爭是非以相滋擾，則仍是善類也。惟告子必以「無善、無不善」歸於本性之定然如是，則不免於孟子之非斥也。

流逝之過程」；社會不過是「空間呈顯的狀態」。根本與人之行事無關，所以無有所謂歷史之目的，社會之目的。人只在於自然結構的歷史、社會之整體結構中，任情恣意地尋求自己的需要，實現自己的目的。這就是他們所津津樂道及所渴望的個人「自由生活」與「歷史實踐」、「社會實踐」之理論基調。他們不承認總一切古今人共同意願、共同努力創發的行跡和事業為歷史、為社會。以為這樣就沒有個人自由選擇和達成自我欲求之可能；而只有照他們所定各自為政的方式去進行才算得。於此，我們深覺大可值得疑慮之處甚多，茲且僅取基本而切要者一問之：

首先是，自古至今，整個人類或人群，究竟有無共同一貫之向往——如真、善、美之情境者？由此延伸追進，即人間世界，有沒有、或需不需要有善惡、正邪、公私、忠奸、誠偽、廉貪……等等之界別和明辨？若謂無之，則人類全幅之動作云為，已儘成盲目充耳的混水摸魚或弱肉強食場景！你又何必計較這為什麼？那為什麼？而遍中外古今所有之獎懲、褒貶、書記、議論，豈不俱如無的放矢之無聊！若謂其有，則在不認許超越的道德實體，亦即至善之心性之一元統會下，又由誰來定原則、立判準、分是非？結果，豈不將更使你我互相對峙角力，攘爭無已乎！

當然，他們對於此類之疑難，應非不曾或無能思以及之。但是，其所作出的處理，則常常是草率輕蔑視之。即：或則虛應故事式的把一個立體嚴肅的根本問題，丟擲於形下層之物物交引、事事關聯處自會有其足以制衡之規律如所謂「物競天擇、適者生存」之片面法則去解釋。這是科學家滿眼俱為物勢機括的態度，雖未造於形上實理之得安護生命之境地，若能謹守分寸，倒也無甚大害。最可憂懼者，乃另有一波波以說教責任自負的文、史、哲之人士，往往因為初只基於潛在意氣之鼓盪，理智地形成種種浮薄的想法，以致所領風騷之如海市蜃樓般乍現乍滅；而繼起之好為詭異者，卻仍不思改轍，滿懷興奮地追鶩而不疲。那就是最近這百又餘年來，一些反抗政治上掌控大權者的獨裁專制，不自覺地移情轉向，遷怒至「絕對精神」之否定；尤其對於西方某些主張絕對精神說者之被專制獨夫利用之嫌惡，再伸到中國素所服膺的「天道性命」義旨之鄙棄，便無條件、實際上也是昧然專斷地將原本「雖有限而可無限」之人類，劃歸與永屬有限之其他萬物，同居於所謂「結構性因果」成就下之「結構性歷史整體、社會整體」之帷幕中，然後看其關於歷史、社會實踐之能否，便會懵然對傳統儒家學者，依道德主體所為道德實踐，有感如「風馬牛之不相及」而大不見容，且高張旗鼓，任意謗詆矣。⓾然而這樣的行徑，我總覺得有似明知其非義，又故意推諉諉過，栽

⓾ 諸如此類者甚多，圍攻之眾，則以牟宗三先生為最。

貜嫁禍於亘眼旁觀人，如俗諺所云「惡人先告狀」之荒誕不經。因為事實證明，他們不僅淺化了問題的深層義理，而且近乎居心叵測的要把世界秩序弄得糜爛不堪。縱或他們也有想依自己主意重構一個獨見為得的世界，可是採取與大理完全相悖的手段，便必然只有破壞，而不可能有建設。試想：儒家既以「人可無限」之本質上齊於絕對精神，或即以絕對精神，實係人可無限之本性之投映、聚合所昭露，然後由其迴護而下肇歷史、成社會，又如何翻謂實踐將受歷史、社會制限，而無自由選擇之可言。泄泄沓沓之詖辭，求信於愚眾之不足，而企望為明智君子道也，志亦陋矣！

四、理想充拓下之道德、學思、政經三統並建

㈠中西思想之交流互補

歷史、社會，就名言上看，猶只是人依時、空架構所為實踐活動的兩個形式辭語，中間之必有基於理想灌注所成之文化物事，及繁複無窮之節目內容，則無待於明言。姑為沉心審察：且看年代無始之縱的歷史衍進，空距無邊之横的社會擴張，正不知曾已歷經多少興滅繼

絕與變化遷移；即以今人自謂智力得而經營之地理世界而觀，口語所傳，文字所記，遠途近址，千殊萬異。誰能極顯隱鉅細之至，盡知其何是？關此，古今中外深思之士，皆有慮及。惟我先師孔子，依道德本心，守其至一，而見為自足無待，所以語子路則曰：「知之為知之，不知為不知，是知也。」（〈為政篇〉）告子貢則謂：「非多學而識，予一以貫之。」（〈衛靈公篇〉）而其自道則更謙稱：「吾少也賤，故多能鄙事；君子多乎哉？不多也。」「吾有知乎哉？無知也。有鄙夫問於我，空空如也，我叩其兩端而竭焉。」（〈子罕篇〉）

吾人之例舉諸聖言為喻，並非立意反知；尤不得謂聖人絕知棄物！要在為人之必以「成德」為首出要件之程式下，自會有此「表若抑而實無損」之託辭或寄語；貼切言之，亦即強調心為體、物為用，仁為主、知為從之理序之辯證地開示耳。惟其如是，然後仁不浮泛，知不紛馳，可得而遂主觀之人格理想，可得而肇客觀之文化事業。不過，就個體或集團生命之存具而論，二者卻各有其內涵質能性向之殊別，是即仁以先天之功能而顯心性；知以後天之琢磨而成事物。落在中、西兩個學思系統中，西哲則是把握了知的質能性向而強於物之成；中哲則是把握了仁的質能性向而強於性之顯。⓫如今東西學術文化既已緊密接觸，理亦必須

⓫ 此可見單立認識論應事之限度，若無以持之而一味窮力猛追，則終難免如奔車朽索之自誤誤人。

互取所長，以補己方之所不足。關此，西方究應如何在智的紛馳中，回歸自身生命之護持以安仁，雖云間有學者通人，言說或仿行及之，然猶未聞果真進於「逆覺體證」及「深造自得」之精警明澈。至於中國，從來讀書人，大皆有以「天下為己憂」之慮患意識，每當險巇現實劇烈衝擊之際，自必激發「任重致遠」、「辨物居方」之毅力與慎思⑫，則當代之復興儒學者，在見得西學之別有所長，而虛懷接納，順勢取之，固其所應然而必至也。他們懲前毖後，於中學則跳脫清世樸學委瑣之蔽；還振宋明義理昂揚之思。於西學則欽仰理性主義之深識；拋卻實用主義之膚泛。剋就所成之文化業績而言，則肯定中西二系各有所大裨益於歷史、社會之綱脈，是即牟宗三先生特揭道德、學術、政治而推伸展示之「三統」也。

㈡道統、學統、政統各別之名言與通義

夫「統」之為義，必以其實得凝聚時空中眾多殊相異位物事於一境而匯成；而眾多異相異位物事之可得凝聚以成統，又必互有相惠相收之共通理想為依歸。就此內容上看去，足證凡所謂「統」者，原皆屬於先天的道德貫運之場域。「道」與「德」之分義，先秦古籍，多已論證明確，而合併二字成一體段之定名，則似始於韓愈《原道》之文；今人更復連同「理性」一辭，通概謂之「道德理性」，蓋即孟子「道性善」與「可欲之謂善」之『善』的實體

義或具體義之表述也。這是個經得起內外縱橫、多方面驗證的絕頂真理所在之格範語。

一般而言，「善」是可欲的；而相對地說的「惡」（ㄜˋ），則是可惡（ㄨˋ）的，並無與善相當的超越地為主之實體性。原不足懼。但如本文前面二節末段所論析：彼惡者，卻可因善行之繼繼繩繩不免有縫隙，而無端地滲入以興風作浪，腐本蝕根！果爾如是，則世間事，便只得分散離亂，莫能整合一致矣。由此對照而反觀之，即知凝聚眾多異象物事於同一場域之「統」，其必有道德——善體之為超越運作的主宰或原理也絕無庸疑。所以凡人之通過生命活動，表顯文化，成就歷史、社會等多系之業績，總持地稱之為「道德實踐」，亦絕非不中於理。不過，「三統」之云，既分別各命以名，自亦必各有所獨具之特質；而融會於道德理性中，且有「徑揚」與「委隨」之不同。大體言之，「道統」是直接為道德理性所貫運，基型為人格尊嚴之維護，與文化理想之開展，故可謂之徑揚。「學統」則為智識思辨之揮灑；「政統」則為法制事務之安排，是俱於人於物，為相順相宜，而屬道德理性催督或允

---

⑫ 西人亦自有德之認許，但僅為客觀互制的公器，無主觀立體義；國人亦自有知的運作，但僅為主觀投射的光照，無客觀獨體性。

許下之曲通與抒張，故得謂之委隨。⓭下文即各就其自具之本質和逕路，略予析述。

1. 直貫的道統之循持——義在軌範人品，蔚成文化

如前所概述，人不能否認自我原有求善向上之本心，由而投映為超越普遍之存有，並以見證一具體的上下交流，內外通融之實體，便是所謂「道」。孟子曰：「夫道，若大路然。」（〈告子下〉）或許先賢造字之初，即取人皆可以通行之大路為義。洎乎後世，觀念意識發達，便借轉為人人應當遵奉循持的、公共正大之精神体式的物事。此在先秦諸冊籍——經子史傳中固處處可見，而言之鄭重分明者，則以儒家主經《論、孟、易、庸》之闡示，最為豐富貼切。今但各錄其要言數則以見意：

《論語》載孔子自道：

朝聞道，夕死可矣。（〈里仁〉）

參乎！吾道一以貫之。」曾子曰：「夫子之道，忠恕而已矣。（〈里仁〉）

道不行，乘桴浮於海。（〈公冶長〉）

志於道，據於德，依於仁，游於藝。（〈述而〉）

君子謀道不謀食。耕也，餒在其中矣；學也，祿在其中矣。君子憂道不憂貧。（〈衛靈公〉）

《孟子》則亟云：

誠者，天之道也；思誠者，人之道也。（〈離婁上〉）

盡其道而死者，正命也。（〈盡心上〉）

求之有道，得之有命。（〈盡心上〉）

身不行道，不行於妻子；使人不以道，不能行於妻子。（〈盡心下〉）

《易傳》則斷言：

⑬ 按「道德理性」一辭，初本是順世界通行之哲學術語——以「理性」為主體而說者；但細究所謂理性運作的程式，正可因應種種不同內涵而有多種不同之稱謂，如邏輯理性、數學理性、工具理性，而於主體生命中尤見重大意義者則更有知識理性之不可輕忽，故就中國之善的觀念而為表述，則增為「道德理性」以示簡別。

乾道變化，各正性命，保合太和，乃利貞。首出庶物，萬國咸寧。（〈乾卦彖辭〉）

一陰一陽之謂道。繼之者善也，成之者性也。仁者見之謂之仁，知者見之謂之知，百姓日用而不知。故君子之道鮮矣。（〈繫辭上〉）

天地之道，貞觀者也；日月之道，貞明者也；天下之動，貞夫一者也。（〈繫辭下〉）

《中庸》則申論：

天命之謂性，率性之謂道，修道之謂教。道也者，不可須臾離也；可離非道也。是故君子戒慎乎其所不睹，恐懼乎其所不聞。莫見乎隱，莫顯乎微，故君子慎其獨也。（〈首章〉）

君子之道費而隱……語大，天下莫能載焉；語小，天下莫能破焉……君子之道，造端乎夫婦；及其至也，察乎天地。（〈十一章〉）

大哉聖人之道，洋洋乎！發育萬端，峻極于天。優優大哉！禮儀三百，威儀三千，待其人而後行。故曰苟不至德，至道不凝焉。故君子尊德性而道問學，致廣大而盡精

微，極高明而道中庸。溫故而知新，敦厚以崇禮。（〈二十七章〉）

凡此諸經所言「道」，意境層層轉深。揆其實旨，蓋即天人交通，物我合同義理之代稱。而所以可能，則唯是存乎「一心」。因此，人可「盡心知性以知天」（《孟子・盡心篇》）；天可「心普萬物而無心」（《明道・識仁篇》）。

工夫至極：上則「為天地立心」；下則「為生民立命」；承前則「為往聖繼絕學」；啟後則「為萬世開太平」（《橫渠學案》）。「大其心，則能體天下之物。物有未體，則心為有外……天大無外，故有外之心，不足以合天心。見聞之知，乃物交而知，非德性所知。德性所知，不萌于見聞。」（《正蒙・大心篇》）

深造自得：則「萬物森然於方寸之間，滿心而發，充塞宇宙，無非斯理。」（《象山語錄》）「心只是一個心。某之心，吾友（李伯敏）之心，上而千百載聖賢之心，下而千百載復有一聖賢，其心亦只如此。心之體甚大。若能盡我之心，便與天同。為學只是理會此。」（同上）

及其凝一：則「虛靈不昧，眾理具而萬事出。心外無理，心外無事。」（《陽明傳習錄》）「天下猶一家，中國猶一人。非意之也，其心之仁本若是其與天地萬物而為一也。」

綜而觀之，是皆先秦以迄宋明歷代儒聖所共認同的道德、心性一體如如之軌範。唐之韓愈，世代先於宋，嘗秉孔子「夏、殷、周禮因革損益」及孟子「五百年必有王者興」之洞見，撰作〈原道〉，正式上推其傳承始自堯、舜、禹、湯、文、武、周公，下逮孔子、孟子而絕緒。可謂深具卓識。然在吾人今日看來，孟子而後，實有能繼而光顯宏擴儒學者，則為宋明儒功德之大不可忽也。他們在漢、魏、晉……唐八、九百年老、佛厭離思想，風靡天下之餘，奮身崛起，重振孔孟誠正修齊治平之教，又得七、八百年之理明義顯，由是而果真蔚成五千年相續不斷之「道統」。這個物事，雖在現實組合中，尚未達到充分制衡調控的功能，然亦生發了重大無形之影響。例如：規約歷史以正義和平為進向；引領社會以忠孝仁愛為守則。能者褒而崇之；不能者貶而斥之。使許多不逞之徒，知所畏憚，縱有頑劣妄作，亦終必遭致唾棄而殄滅。流風所被，故得成就華夏威儀，族類清操；典型常昭，文明日盛，先祖先民之徜徉其間，各隨應信而信，當行而行。或獻身國家，致力治平；或遁跡山林，悠遊耕讀。精神無需他力宗教之救拔而常得安護；無待外緣條件之刺激而自至堅強。「得志，澤加於民；不得志，修身見於世。窮則獨善其身；達則兼善天下。」（《孟子・盡心上》）「居天下之廣居，立天下之正位，行天下之大道。得志與民由之；不得志獨行其道。富貴不能淫，貧賤不能移，威武不能屈。」（〈滕文公下〉）總之是：「天下有道，以道殉身；天下無道，以身殉道。」（〈盡心上〉）而所謂個體人格與公眾事業，壹是為道德實踐之統綰而玉成。誰曰不宜！

2.曲通的學統之開發——利在擴展知識、豐厚民生

宇宙間，凡物理物實，事情事蹟之在於人類耳聞目見下，俱為客觀外在之對象——包括同質性之他人乃至自我所由以存活之有形無形、可觸可感之相狀與念慮，如行為模態、學習領域等，莫不皆然。而依存在之需要和滿足，人自有盡一切對象而問其何以如此？並加開發利用之本能企求。其間作為溝通或憑藉之主觀條件者，則全在一個「知」字。

知，通泛地說來，無人或能無所運作，唯智者則利而操之以極於「不惑」。究其義用，亦有在己、在物之兩面：在己者，存乎心以應物；在物者，取於物以充心。此中、西哲學態度之共許，但有用情偏倚或從屬之不同。簡別言之，大抵中國先哲是仁以主知，知以副仁；西方哲人，則是知以控物，物以載知。所以就生人之情趣而論，前者頤養聰睿，遞進於智慧；後者沉浸辨析，具現為知識。所謂「學統」之正解，蓋即以此後者為準。其在西方，大致已近定型，而中國則亟待於開發。當然，如上所言，天下無人可能不為知的運作，則中國先民自亦必有這方面之應用及績效，比如：要事父母，便須知得如何而事之；施教子弟，便

須知得如何而教之。所以《論語》載「子曰：父母之年，不可不『知』也。」（〈里仁〉）「溫故而『知』新，可以為師矣。」（〈為政〉）日用平常中，《孟子》則有「權然後『知』輕重；度然後『知』長短。」（〈梁惠王上〉）「不『知』足而為屨，我『知』其必不為蕢也」（〈告子上〉）之句。至於《荀子》則更特立〈勸學〉之篇，重申孔子「終日不食，終夜不寢，以思，不如學也」（〈衛靈公〉）之意而曰：「吾嘗終日而思矣，不如須臾之所學也。」並於〈解蔽〉〈正名〉二篇又為為學守道之所以可能發掘了『知』的大用而定義曰：「凡以知，人之性也；可以知，物之理也。」「心有徵知。徵知，則緣耳而知聲……緣目而知色……。」諸如此類話頭，可以謂之周備詳明矣。但儘管如是，而綜觀三書之基本精神或義路，卻終不脫知為仁副，仁為知主的「道之本統」的觀念——《論》《孟》二書不用說，即《荀書》亦且明言：「學惡乎始？惡乎終？其數則始乎誦經，終乎讀禮；其義，則始乎為士，終乎為聖人。」（〈勸學〉）「故學也者，固學止之也。惡乎止之？曰，止諸至足。曷謂至足？曰，聖也。」（〈解蔽〉）[14]由此可知，中國傳統士人之「為學」或「求知」，根本只是「修道」或「立德」的一種工夫，並未充盡「學」與「知」自身特具之質性以彰其大用。對比於西學，便顯見其缺然有所不足。

夫西方智者，自希臘時期伊始，即以見得萬事萬物之紛然雜陳，而思予透視解析，便順著人性原亦固有的知的本能，向前追索。其卓絕優異處，則是思想之鞭辟入裡，藉著數學程式，邏輯推論普遍可用之法則作利器，以解剖或滲入自然宇宙之各個領域，歷經數十世紀之反覆淘鍊，於是創發了無限多門——包括物實方面的天文、地理、機械、生化……人事方面的政治、經濟、宗教、哲學……等等有名循名，無名造名的學問。迄於近世，已顯其巧奪天工，極度繁榮富麗，於生民世界，達致方便愉悅、豐盈享樂之偉蹟。這便是現代人人稱道非但方興未艾，甚至預計或構畫若干年下——「後現代」更加發達之科學及藍圖。約之以一言，蓋即逕從認識心出發，執著或沉潛於學之為學的活動所凝結累聚之成果；而亦國人今之所應急起再造之「學統」，不容一日懈怠推拖者也。

3. 抒張的政統之建立——功在管理國事、保障人權

人之為生，必賴合群而居，必依組織而庶務繁多，萬象紛陳，有待僉同處理。中國地廣人稠，為世界之最，自更不能例外。所以自古聖人，於文明肇啟之初，特所用心者，便是關于眾人事務之政治，力求為克始克終之妥善安排。《易經・繫辭傳》稱「古者包犧氏之王天

⑭ 此上僅舉《論》《孟》《荀》三書為說。蓋取其在儒家學術傳統中居領先主導之要籍地位而然，實則凡足構成完整系統之經子史傳，未有不大同於此見者。

下也，仰則觀象於天；俯則觀法於地。觀鳥獸之文與地之宜，近取諸身，遠取諸物。於是始作八卦，以通神明之德，以類萬物之情。作結繩而為網罟，以佃以漁……。」司馬遷著《史記》，以五帝治績列〈本記第一〉；而全部《尚書》所載虞、夏、商、周故實，《春秋、三傳》所記列國事蹟，以及一切後世史家筆下朝代之興衰存滅，無一非關眾人之事、亦即政治之備錄。先賢之所以賡續不已鄭重於此，固必有其鮮明正大之用心，是即標示歷史之昭昭不爽，以俾凡為民上者取法或鑑戒！其具體資治之方，可借《虞書・大禹謨》之一語以表之：蓋即所謂「德惟善政，政在養民」。一個作為輔世佑民之長上，要在立德；立德則必須推行善政以養民。此千古志士，終身孳孳焉崇學務實，信奉堅持之典謨，就賢聖者之果多惠濟民物之經歷而觀，誠屬美盛偉大之勳業。然而猶有難得謂為完足者，是政治之為政治的本性未見充盡也。政治之本性，簡言之，即人皆自為政治主體之存在，並在合理分位中，自覺地行使權力與服行義務者是也。

蓋如先所已言，政治既緣於眾人之有實事待決，則眾人中一一個體之各有自由自主以宰物制事之權利義務，應係絕無庸疑的道理。可是中國上古之聖王，也許由於彼時民風簡樸及其自身超強之德性使然，遂把一些客觀上該付民人自己掌控揮發的作業，一肩承擔地代作了。影響下來，便教人民盡成無有任何責任的天民。此本亦無可厚非，但隨之而至的問題是：聖王不永在，而昏君暴主卻常相續據位以肆虐。一旦如是，則素無責任壓力之天民，反成刀俎下無法自救之災黎，而中國歷史常態之總歸亂多於治，乃屬必然。順是以思，便知政治之原有不依人而依法之當行的本性：此無他，即其為別於道德理性而另表制度理性之物事。當然，這不是說它定然背反道德理性，而是肯認它有獨立的特出自在之領域，非可由直覺式的道德理性透入或推動所能竟其全功的。道德理性只是超越地在上或在旁為操控政治的人之是非正邪，作警醒或提撕而已⑮，過此以往，則難免「非徒無益，而又害之」，所以唐虞三代既逝矣，後世莫之能再也。然則其具體之措置當如何？最重要而亦最先必須建立的，就是一部代表絕對權威的典則——憲法。而落實於動態的行為，則是人人皆得參與之選舉和被選舉，這個完整而不可或缺的程序，中間正蘊有個體人之為政治存在的尊嚴。老實說，只有通過它，而後人人始得雍容自由地行使主權，服行義務；達成僉議合同，和衷共濟的最高理想。使人與人間異位對立的我執，化作相輔互惠之公務，夫然後可語於「德惟善政，政在養民」之完美境界。斯乃現今世界先進各國所共企求實現，卻尚未徹底淨潔之民主政治，而在中國則有待除舊布新，積極建構之嘉猷，故得與道統、學統並立而謂政統也。

⑮ 此所以「道統」之外，當另有「政統」，二者不可混為一談。中國過去，則於此大嫌糾結。

五、結論：道德主體及道德實踐之振興與完成

在本文最先之〈導論〉一節中，我們開宗明義即肯定人類歷史、社會文化總體之價值意義，必然歸於人之為人，亦即成就其為異於禽獸或他物之高尚的道德人格的世界。這並非意許人於宇宙萬物之間，可以矜誇自高，傲視群倫；要在其本身之存在性格，不如是，則將失喪其「天之所與我者」，不足進歷史、社會於太平安和之境地。因為人之聰明智能優勝，若不馴於善，而讓其偏傾於才氣之任使，情欲之縱肆，則將移轉至競名逐利，攘權奪位；其為惡召禍，必有更甚於禽獸者。斯固從來事實之昭然可證，所以中國之先聖前賢深為慮懼，而特兢兢於講仁論義，樹德修信，必期化民成俗，弭患無形。惜乎事有乖異，現實中之「政」，全憑力搏而歸私家，「教」則處弱勢而由官控，以致君、師職責不明，聖賢理想並未充分達成。然大體亦漸已透顯了一個崇仁尚義的民族精神與華夏風儀之遠猷和途向。詎料衍至近世，內以滿清政府之腐朽；外以西方帝國之侵凌；知識份子又久習於飣餖考據、科場舉子之業，無所以為自持自信、應時處變之方。驚疑懸慮之餘，激越之徒，遂視故國學問一無可取，而棄如敝屣。最為徹底敗壞者，則是對于道德傳統之誣蔑和攻擊。於是，學校廢止讀經，一唯知識技藝是傳；社會則鄙棄倫常，一唯權勢財利是追。近百年來之中國，就是在

這種自毀立場之情態下，今日學德義，明日學日本，旋又改學英美、學蘇聯，橫撐豎架，生吞活剝，終至山河變色，民人之陷身水火者數十年。延及海外，當權者之政、教一把抓，固是勢所難免；而知識界亦仍無反省之能，依然是厭舊趨新，務名喪德。以致權利所在，總會是爭奪之不遺餘力，其手段之陰毒險狠，幾至無不亟用其極。上焉者之所好如是，無怪下必有甚焉而民風日趨澆薄，枉顧公義，偷盜詐欺之不足，又且至於公然逞凶恣暴，燒殺擄掠，毀情滅性，殃及至親，誠屬千古未見之顛倒瘋狂也。長此以往，而欲人間之不淪於禽獸世界，其可得乎？

然則事已至此！救之之道如何？此便須回到本文所命主題〈道德主體與道德實踐〉之堅持來求得解決了。如實言之，亦即必須提振或喚醒人皆自覺為「道德主體」之存在，而自願為「道德實踐」之功夫。此粗看或將疑似玄談虛無，畸夢幻想，不信其有何可能。然若拋卻成見而沉心考慮，除此又豈有更好之他途？就如當前部份有心人士設想這樣方法、那樣措施；或主嚴禁，或主疏導。不用說擬議之上層，每多自感無力執行，朝令夕改；施之於下，亦常是道高一尺，魔高一丈，有若抱薪救火，而火燄益烈。是故平心審思這個時代的病癥，正如一條濁浪滔滔的大河，人在其中，誰復能免於浸染？免於吞噬？你說作官的貪贓枉法，教書的誤人子弟，作生意的欺騙訛詐，造房子的偷工減料，等等、等等，都是事實。但是你不能把罪過完全堆集到他們身上。實在講，他們也真有人在江湖，身不由己的苦楚。若是輪到你有機緣作他們同樣的事情，也未必能夠逃脫那種罪過；就算你能堅持自己的理念，硬要直秉大義去矯正或抵拒他們，搞得不好，非但於事無補，而且會引致群起反攻，造成更深一層的糾結和動亂，把你自己也拖陷到泥坑中無法自拔。俗話說「論人是非者，正是是非人」，一點都不錯。

此非故事危言聳聽，請看各個媒體每天傳播的各種社會事件，包括國家政策，民間事務，那有不是白也一套，黑也一套，你說來，我說去，不是交相指責，便是狼狽為奸？誰能真正穩住腳跟，辨得清濁明白？演變下來，終成強梁者則橫行霸道；弱勢者則伺機搗亂。各施手段，不弄個天翻地覆，永不休止！

諸如此類問題，人果有意求得解答並予開抉乎！則必須先行清理一下自己思想的領域，或者說了別一下人類生命精神活動的場景。於是我們需要進至上下兩個等級或層面的觀瞻，由而反省日常的生活動靜，無論如何脫不掉三種必然的情境。

第一是、我可自覺無始以來就能思想；

其次是、我一思想，就能發起行動；

又次是、我一行動，就能成就事物。

這種情境，我如是，他人亦如是，歸納起來便見為普遍實在的義理，再推概而兼賅萬事萬物以言，便見為客觀而超越的宇宙本原。這是一般哲學學者所講的形上學，大多明得由上而下之開發衍展而理論地宣說之。今天我們則需要採取實踐的進路從最下層一步步向上推，祈求對於前面所說惡質的社會風習，獲得真正的解決。

何謂最下層？簡單說就是我們當下所見所在的「現實世界」。這個世界有無數億萬年天地變化之自然物事（如山河土石、日月星辰之類）；也有歷歷可考的千百萬年以來人類造作的文化物事（如漁獵耕稼、制度儀文之類）；而且我們以及代代的子孫，仍在繼續創發，所以內容的豐富實無限量。因此，一般人們的眼光往往都被吸引著定在這個現實的世界——企圖心高昂者就要一味拾掇或挖掘它的秘密，以顯個人的才幹；侵略性強悍者則不擇手段儘情攫奪它蘊藏的資財，以快其私欲。卻忽略甚至忘了它上層所以然的天理和秉賦良善的思想之本質。這一忘了，那麼人之現實的造作和享樂，便會像脫韁野馬般奔馳於懸崖峻嶺，險象環生。此則為吾人當前所面臨而亟需對治克服的社會惡濁問題。

幸好，人畢竟是生而即有好善惡惡之良知，所以絕大多數仍希望變邪為正，祛惡存善。可是希望只是希望，若不把問題的層次釐清，而一惟氣機鼓盪似的投身在滾滾濁流中與之翻騰搏鬥，如我們前面所說的擬議安排、改造改良：無論出自善意或惡意，有心或無心，都必落得完全無效，徒然更增嚴重之紛擾而已。既然情勢如此，則何如退思反本以開新，促使自覺自願、成己成物之為適切而可期有功也？其實，依於人本好善惡惡之天性，自能如孟子所云「反掌折枝」之易為！何況生活其中，猶可得安富尊榮之良貴而盡極享，人又何樂而必不欲為乎？

至於運作之序，則要由掌握國家機制者之策劃教育時，首須有一基本方向或重點之體認，是即：提振精神人格至最為高卓顯要境地之標示，使凡為學者專務知識長技以誇耆於人之意態，轉變為崇尚道德行事以誠明自身之性情。具體的程節，應無太多艱險阻滯，只須高據上位之當道——無論個人或團體，悟得箇中竅門，如機師舵手之控制儀表，撥正方向，對準目標航行便是（此正今時之難得其人！原因則由整個惡劣世風下，不易培養而至也）。其他途中分項事務，審慎委諸適才適所之通人，信守因時制宜之法紀；絕不可師心自用，必期成功由我一人獨享而操之過急，裁之惟專。則積三、四十年之潤澤化育，抵達終點，而後天下人俱可各隨所宜，各盡所能——工可各遂其所欲以為工，商可各遂其所欲以為商，乃至仕可各遂其所欲以為仕，學可各遂其所欲以為學。總而言之，是興於科技者得遂其業；興於政教者得遂其功，統皆不悖於道德人格之堅持與養護。是即「道德主體」與「道德實踐」之一氣貫運，而中國先哲所欣欣然樂見的「聖人之道」或「內聖外王之道」，亦於焉完成。凡我胞與為懷之

志士，何不就此思之想之，推之擴之之為己任乎？⓰

⓰ 本文內容，多有本乎先師牟宗三先生之思想理念作繹述。蓋以所為問題，本具時代社會之共通性，則基於信念之普遍傳達，在不同時、地稍作重複申言，亦由理勢之所促而使然也。諸希同志諒察

貳、與友人書——關於「康德哲學」淺識

淳玲學友如晤：香港機場別後，瞬逾數月，如今又值年節初度，益增懷思。

歸來未久，即收到翟本瑞先生寄來吾友大作《康德哲學問題的當代思索》一鉅著。實在講，就學養言，我根本沒有閱讀外文書籍（像通常的英文讀物之類）的能力、尤其關於西方哲學家致思說理的表達方式，既少宿素的訓練，又加天生記性忒差，以致不但讀解甚為吃力，而且不能一觸即得通盤義理之掌握，必待前後翻覆重審、作些註記，方可藉反思而略見條理；此番蒙贈前書，兼取牟先生對康德審美判斷力所致疑難之《商榷》文一併奮勉詳參、對勘比讀，竟經二、三月的大段時間，始得完畢其事。然仍不得全盡透明，僅只形成一些浮光掠影的印象（此亦可說是彌補或增長了我在這方面的感知，故尚能耐心地堅持下來）。

概括言之：大著從〈序文〉至六篇〈論文〉五篇〈書評〉之中心意旨，通是在為康德哲學——《第三批判》中申論「審美判斷力」之各方精義，作至盡完滿之深探、推徵與揭露，

自吾外行人觀之，可謂已達玄通天人、無微不顯之極境，吾雖無能為合於邏輯法度、條理分明之篇章結撰，卻亦自問頗有所體會於身心，而益充夫生命存在之實理者。茲故略敘所感，就正於吾友之明指也。

康德批判哲學在十七、八世紀之西方哲學界，確實掀起了哥白尼式轉變之大效。他把歷來哲學者之或據物實而鍥發經驗，或依理型而範鑄知識的兩個各行其是思體解消而轉為有先驗原則、本末終始可言的「物自身」與「現象」之並存互成，又不失形上形下自然理敘之構合——這是我個人從一般片段之介述、引繹文字中摸索到他《第一、第二批判》之大旨和進路之粗淺的了解（當然不能充盡全部內容細微曲折之詳），其與中國傳統——天、地、人三才並建的形式理念頗相符契，可以視為東西文化精神、學術思想交流互補、更上層樓之大福音；惟是實踐或實現之途轍尚有難於合軌甚至岐離的差異，必待於觀念上之修整彌縫然後得通濟：那就是中國天地人三才之名份，中有儒家所證會的仁、義、誠、明等實德為基因而銜匯；而康德的「現象」與「物自身」區分，則無意中顯見為異類異份、各是其是的客觀存有。（李學友面還本函原件所為批注「此現象物自身之概念分說有誤」。）本來在第二書的《實踐理性批判》裡，提出或肯定了人之為類，固有先驗之超越而內在的道德主體性，或直說「人乃先驗地為道德底存在」，但卻又將「人」與「天地」同質的「自由意志」獨歸於上帝（李注：「此亦可商榷」〕，人則無或能有之。如是，則是把「人之所以為人〔異於他物〕」之底線或根本廢去了。雖然教派人士常說「聖父、聖母、聖子三位一體」，其間父、母、子之俗稱的名號，只因生養關係之不可泯而具，實則因耶穌降生之即為「神」，所以直接生養他的父、母亦連帶地是神〔以一「聖」字加上於三者之上，即表示三位俱已是神而非普通一般的人了，普通一般的人，絕對不可僭妄地自稱為神的〕。康德之認定「只上帝有自由意志」〔李注：「自由意志是實踐理性上的理念」〕，不必是緣於傳教士之獨尊上帝為至一無二，神聖不可侵犯的宗教情操所轉生，而確有他依於哲思鑑識到天生人而果有異質異位的格距——天〔上帝〕為純粹形上實理之存有，人則兼有形而下可觸可感的物質身軀，而且統皆即以這限隔的形下軀體為生活常態。康德既見如是，便不許人有與神上帝同質同位的自由意志，簡明言之〔李注：「人無智的直覺是就『知識而言』」〕，即不能肯定人可有有完整無瑕的意志自由及其衍生的「智底直覺」！由此推觀，則一向推動或主宰世間凡事的人，己身便只是個四顧茫茫之「現象」的存在，而不能有「物自身」之內力充盈〔李注：「康德是不贊同從理論上認識此物自身，所指物自身不可知。不必滑轉那麼快矣！」〕，化導萬物，竭盡人之為人全情的意義。本來康氏在後來之《第三批判》中講「判斷力批判」時，推出了所謂「軌約原則」與「構造原則」〔李注：「此二原則在第一批判已出現。」〕兩個異向原則的議題，我看他這裡〔第二批判〕應該用得上無向性的「軌約原則」而不用，卻偏採了有向性的「構造原則」謂人無「自由意志」之決定式的判斷，一向直覺有些怪異而莫能為解。（我對「軌約」與「構造」二原則的意理，原無明顯的概念，乃由讀吾友書而得稍解，此番現買現賣，不知是否有訛誤？）

以上這些意思，我自幼讀儒經，意識中便常隱然浮現著畸夢式莫名所以的綢繆；壯、中年間，親接牟師和煦風儀與關乎中西哲學思想之論述日久，乃漸成就這種一知半解，不忍拋離的知見。事一掛心，加上素無認同的當代低下之時風，與若干（甚至太多）學人仰仗海德格「存有論」、釘定現實中凡有什麼——無論是非正邪即予肯定接受、且大肆鼓吹的思維及行動。（李注：「此海德格存有論『割截而下委』意，非康德原意」！）遂不免覺得如上所言康德之不許人有「自由意志」或「知底直覺」，終究不能脫出西方傳統宗教與哲學中「剪不斷、理還亂」之「唯物意識」之隱流。失之毫釐、差之千里，迨今讀　賢友大著獨於其《第三批判》之「審美判斷力」中，挈龒出一種鮮為他家所正視或注意的「想像力」與「圖像式」特徵，並以其依順的是「無目的的之合目的性」之道德進路的「軌約原則」；非如一般實有定指定式如邏輯數學乃至科學之為決定的「構造原則」者，故可成就得如如實在的先驗理性或超越理性下達或相應現實存在世界之別宗（別子為宗）的創發，決然是康氏藉為溝通「現象」與「物自身」二分而不至各異其趣的苦心孤詣之所在，吾於是方知前此徧見之確未得其本情也。理有難言：當吾友沉潛其間遍採、深探那審美活動過程中有似春水縐起的波波細紋（李注：「春水皺起不只審美，起心動念皆是春水皺起。」）（思路）時，竟然又如激湍之奔騰澎湃、勝義無窮；我則類若隔籬看花，雖欲即之，（李注：「sorry for that」）總有莫得親近之難。此固可說我的智思滯鈍（李注：「不必如此，可能是我的表達不明」）；確也充分感到您精察明敏，理氣通透，光燄明照之強勢之當頭棒喝者至多。間常設想：您應是一位藝術大家而兼具哲學家的睿智（李注：「非、非、非」），或本是位哲學家而更有藝術家的才華（李注：「無、無、無」），內心不勝欽服！我不是個好為阿諛的人，也用不著逢迎於吾友，實因誠感於中之不得不為明表耳。

雖然，我在這裡仍要為我所感受於牟先生素所宣倡的堪稱正宗的理論和思維之所向，說幾句非阿所好的憨言。原本是：先生在《商榷》文中對康德之借助「審美判斷力」「想像力」「圖像式」及其所依之「軌約原則」等，並非全無理會，只是關於康德在劃破「現象」與「物自身」為二分而不得聯通，有「失之東榆」的憾意，因而轉求「收之桑榆」於「審美判斷力」（鉤連）之願欲，沒有付與適當允可的同情。蓋先生於「審美判斷力」之蘊有多方或多元之深義，或確未曾作全盡而正面的推徵和肯許，但要說把審美判斷本具的自性，轉作「物自身」與「現象」間溝通的工具並且謂之為「『合』目的之目的性」（句前的「合」字，實在顯得有些突兀），則大概是認為不僅無甚大助益於形上形下「自然變化、品物流形；各正性命，保合太和」（李注：「此為何？」）之「利貞」（上列引號「」中語，乃就《易經》乾卦彖傳之辭簡括而成）；勢且可能反而折損「審美」自身當然而獨立之正誼（李注：「Kant 之審美是自性獨立的判斷」）。這恐怕就是先生所懷戒意或顧慮之所由；實因其久於中國傳統——儒、道、釋尤其是儒家「天人同體，物我無間，本末相順，道器互成」學問義理之修習完固而致哲思之特顯強韌，所以不能認同康德之另假別途、寄情於「審美意識」之為過渡橋樑，有何重大意義或必要。此正與其在儒家學系中，獨闢朱子是「別子為宗」之見理實相一致。不過於求全責備時之語辭直戇（李注：「儒家獨立的審美義反而難求，我說不明白矣」），在吾友與專攻康德哲學之學者看來，固將覺得大欠委婉或且不免斥為武斷了。以上是我個人讀過您的大著和牟先生《商榷》文後，雜湊出來的一些很不成熟的淺見，祇望高明還予評正。書信之用，要在表情，今乃專以說理，未免言之失衷，尚請見諒！順祝

研安

愚朽周群振謹啟 二〇〇五、二、六

函外且復一併將我在研閱您的鉅著和重讀牟先生《商榷》文，反覆畫線圈點，強力鞭策探索過程中偶發感思、隨即注記並稍加擴充之片段文字臚陳於下，亦請惠予勘正。不成章節條貫之卮言漫語，蘄勿以老叟狂誕見笑而斥拒為幸。

㈠六十五頁下段至六十六頁上段摘錄：

> 因為康德將自由意志推進物自身的領域，使他自己的哲學出現「現象」與「物自身」嚴格的二分，終於使得道德行為在經驗世界最終極的依止只能是道德法則，而不可能觸及到物自身的當身——自由。這樣的兩界乖隔，終究構成他道德哲學上一個難以跨越的困境……。但是如果透過審美「四無傍依」「無關心性」的品鑑，正好可透過一種捨棄作用，捨棄自然界的物理法則，由此得以在經驗世界品嚐一絲自由的滋味，使自由在經驗世界中透過「美」的管道被觸及、被經驗、被感知，而使現象與物自身能透過審美的判斷得到連繫，由此反而能充份證成道德上的自由，反過來彰顯道德的當身——自由。這是解釋康德「美是道德善的象徵」的契機，也是康德藉審美連繫兩界的確義。

【我見我思】從《論文》第一章首行開始一頁一頁蜿蜒曲蜷地讀到如上錄這段文字，始算得大體明白康德「審美判斷」不是專對客觀物象，如花開鳥鳴，山峙川流……一類勾人愉悅喜樂之實景實情、是何樣相、如何追取而成其美學的；基本上乃重在主觀之審美活動中顯見內蘊機制如「觀照」、「想象」、「重現」等先天或先驗地自然存有的才藝或條件，能為審美判斷之底據，而有俾於道德理想之完成。這是一種原本在於個人生命境裡的機動性智能，故又可名之曰「想像『力』」或「判斷『力』」（我們必須注意兩詞末尾的「力」字）。此番意思，吾既已有大致的體會，同時也就了解到作者淳玲女士在於藝術哲學方面的造詣和工力，正是個具有高潔精純的審美愛美靈智的人物，原是不忍心看到一般的「美」之感受或審視活動，落得全無基本德性護持的地步而失其莊重和煦之溫馨義，所以念念不舍、孳孳不已要把康德《第三批判》書中實有可以繹引推陳出來的「合目的性」之多種或多重意旨在，因而對牟先生（或且某些專意「美學」的學者）之以康德未能止於「美」應只是「為藝術而藝術的」雅好，不宜「別有任何關心」之強壓式的誤解，作出如此深刻細膩的對反性的論述。

㈡七十七頁下段至七十八頁下段摘錄：

儒家談道德……從天意下達的道德行為相對的就沒有一個法則的程式檢驗，使得普遍客觀的天意與主觀的私心沒有明顯的分際，完全靠良知的充其極來保證道德行為的……善……這當然省卻了反省判斷力的作用……牟先生大體都是……以……道德實踐的義無反顧、不需要反省判斷力，就是以後的審美也不必用到反省（照）判斷力，這是儒家最上根利智的勝義，從牟先生對儒家的詮釋裡表露無遺。但是也因為如此，判斷力透過反省能力形構成的形式將會被丟失，對於現實上道德實踐的法度與分際就會比較含糊，對人性「邪惡」的偷偷滲入更是難以捉摸了。常常會……道德判斷有時會滑落或錯落，還有就是對於「邪惡」行為因為掌握得不夠分明而講得不精彩，甚至可能會講錯。換句話說，就是下達工夫的客觀分際會有混漫。

【我見我思】從前文迤邐而下到這裡，作者依康德哲學所作如縷如絲的剖判和結證，確見條理清通、論說分明並且義正辭嚴，似乎牟先生乃至整個儒家學術忽視由道德理性衍展的道德法則、未能克盡宏通廣濟的缺陷。這使我一直扭在心間，不得釋懷（李注：「是說說理不盡」）。如今忽然思及至聖先師孔子說的兩句話：「人之生也直，罔之生也幸而免。」（《論語．雍也篇》）開口便點明了人之為生是直上直下（或亦可說是頂天立地）的；若是「罔之」（即自我蹧蹋），則雖生為人形，亦只是幸得免於非人的際遇。由此我便想到中、西思想家對於人之存有的思考，顯然依循著兩個不同的徑路在進行。先說：

西方是從類化的「全體人」著眼，見得其中太多的魚龍混雜——理性與非理性之並肩齊步，總要竭盡理智的能量，一一求為釐清或解明。別家我不能說，就以近世最為重鎮的康德為例，他固然發現到人有內在的道德主體性，卻絕對不能放下所有人恆常犯錯犯惡的事實不管（此在一般人大都有這樣的執著），所以要一樁樁、一件件給予開抉或了別。這也就是他意志堅定、智思敏銳，得以成就其體大思精，蓋世無匹的哲學大系之故。

至於中國，則如上舉孔子說的第一句話「人之生也直」，乃是切就各個當下具存之「獨體人」而措意的，繼之而後起的正宗儒家學者，也就是沿著這個觀念，特重在一己自身處作「內省不疚」的功夫；而罕有或輕鬆了現實事物及異我之他人何以終成其過惡之普遍的本跡原狀，行窮源竟尾的「外向批判」的工作。試請再循孔子更為明確的稱說「仁遠乎哉？我欲仁，斯仁至矣」（〈述而篇〉）之語，回到我人實存的道德本心體察時，何所不見上下通達、無牽無掛的灑然自在？當然，在於踐道履德、亦即實現理想之過渡或行程中，自仍有其因順環境、擴張客觀效應，需要各人翻覆檢驗、「執兩用中」「造次、顛沛必於是」之努力乃至奮鬥不懈的，所以曾子則明言「吾日三省吾身」；一部《大學》，且從「格物、致知」動作場域之需要起念，回到內在的「誠意、正心」之啟發；進而站定「修身、齊家」的基礎；終於開展「治國、平天下」之大業。《中庸》言之則更深廣：由個人之「好學近乎知，力行近乎仁，知恥近乎勇」到「唯天下至誠，為能盡其性——能盡己之性……能盡人之性……能盡物之性……可以贊天地之化育……」到「成者非自成己而已也，所以成物也。成己，仁也；成物，知也。性之德也，合外內之道也，故時措之宜也。」其間十足表明：個我——人為主體上承下啟、無往不利、無攻不克的真實生命可得「所樂」「所性」之愉悅（義取《孟子．盡心上》之二十一章）。不過這也有個自然趨勢上的關卡，那就是我——人如果不去「欲仁」，不去努力求為或藐忽「人之所當為」，便會根本無有所謂「上達、下達」的需要！此從好的方面說：是任他萬般事物的起起落落，我都無所關心，正如被風吹縐的一池春水，與卿（我）何干？若從不好的方面走，則將如混跡天地間之懶漢、歪種或壞蛋，不惟無益於世道德教之維護，而且適如一粒老鼠屎之攪亂大鍋清湯，全成污水。這也就是中國傳統儒家向來殫精竭慮，必要崇善去邪微旨之所在。

就以上兩方——中西思想之比較而論，我不知道，也不敢冒然論定孰優孰劣，卻也約略感到或直覺到，在於人類文化長久發展的途程中，顯然有個東西異向、各自趨走的大分水嶺。是即：中國無論主、支流的儒、道、佛……諸家之所企盼的終極目的倒頗簡單一致——

惟在「成聖、成賢」，做個無缺無憾的完人，外此則非所多計。西方哲人一開始採取的是宗教的態度（李注：「不必如此」）——精神與物質亦即「神」與「人」為絕對異位、不屬同質的存有，換言之，即人不得與上帝同論；而康德則更明主「意志自由與智的直覺」專屬上帝而人不得與有。因此，人便只能專意於物化事業的進取，最多成為一個大而又大、頂尖而又頂尖的思想者或發明家。（李注：「此說不切。自由意志是道德實踐的基礎，並非屬上帝而有。人之認知能力，必須從感性直覺說起。沒有智的直覺是此義。」）其流風所及之文化方面的特長和效應，便是集中於與「物自身」對揚的「現象」層面作多端多系的場域法則或生活世界的不斷開發，較之儒家的自內而外——由誠、正、修、齊至治國，平天下之和順綏安，自然大大顯得激越揚厲、光耀奪目，頗能迎合、引誘一般好為現實享樂者之認同與追求（李注：「儒家似從德福一致的究極說，也不應該或不必輕蔑『物質文明』的進步」）。試請想想：近二、三百年東西方思想界之意識流向與社會風習，雖有康德批判哲學對於知性、德性與審美判斷力，作了整全完美的清理和交代，應能掃除千古以來此起彼落，彼消此長惟強人智人無的無準之招喚是從的詭異蹤跡，帶起道同風一的共感共識和共業共相。可是繼康德之後甚至其尚在世的晚年，便已如四面奔波般興起唯物是尚各說各話——你有你的、我有我的種種爭奇鬥怪的主張和辯說，各自打著自己獨造的旗號如所謂的「理性主義」、「經驗主義」、「實用主義」、「功利主義」、「利己、利他主義」……而其最為各家源頭活水的就是「唯物主義」，此其間除卻假借或倚仗權勢侵迫生民之魔頭如拿破崙、希特勒、史達林、毛澤東……等多個貪暴之徒顯著的惡行惡跡外，落實到社會文化的終結點，則是釀造了帶刀帶槍吃盡各家各派禍延全球的「共產主義」制度和霸權。〔李注：「此仲尼臨終不免一嘆之意，康德孔子再明，他人的智慧不必能及，世間我不必完美，此哲學批判之所以不能斷之義。」〕也許是天欲罰之！它終因害人最厲，令人怖慄而暫戢其兇燄。卻又轉型為搖唇鼓舌的學術論說，如海德格……流派之多方著說、倡議所謂《存有論》以不露真象、令人模糊其解之「存有、此在」的空假名號撒播於世、瞑眩人心，實則不過是見得「現象世界」陳陳相因的場域或區塊中，有什麼即肯定或認定其是什麼，並竭其所能追逐之的意識型態之毫無顧忌地猖狂恣肆而已！不幸，我國萬千同胞，在慘遭其同信醜類——毛、周、朱、劉迷罔宣導，至於江、張、王、姚等四人幫和紅衛兵逞殘恣暴、血腥屠戮之餘，如今社會上正復有許多中、壯年級的學者、傾慕寄意於海派「存有論」之荒謬劇下，不但把自家先賢循由或創發道德為先的義理之學拋諸腦後；即聲光遍蓋古今全球的批判哲學中發掘的先驗「判斷力」、「想像力」等溝通自由與自然的架構，也被完全拆除，而唯現實可觸可感的快意生活是鶩。請看！近些年來，不已有視傳統儒學為「血緣性的咒術」而正式倡議「從外王到內聖」的逆反操作了嗎？〔李注：「此是有感而發，牟說海德格『割截而下委』之義。」）

三八十一頁三、四段摘錄

邪惡既不能從「經驗」……「嗜好」……（和）自然的「衝動」或「本能」而來，那麼它只能從自由意志決定的法則而來了，因此它就必需是從一個透過主體自由意志決定的法則而來、康德……先把道德問題，緊扣在自由意志的主體……也就是人究竟是願意或是不願意攝持那些由道德法則決定的格律、是人與生俱來的、內在的問題。……康德說天生人都有一種向惡的「傾向」，不管是多麼善良的人都有。……所謂傾向，康德多指渴望一種欣悅的「稟賦」，主體一旦經驗過它，就對它產生一種癮頭嗜好……我們人天生都有一種對邪惡的「食髓」的經驗和「知味」的稟賦……因此當康德說「邪惡」是一種人性的「傾向」時，他是表示每一個人天生的都有這種犯罪的傾向與可能的。

【我見我感】從前文《康德論根本惡》的標題下，輾轉申析康德「首先將自然法則自然現象與道德判斷簡別開，直接將道德善惡的問題指向一個能承擔善惡責任的道德主體——自由意志——從這個自由主體再回頭談道德判斷……」（八十四頁之十行至十二行），迄於上錄之兩段頗具綜合型定義的文字，我確是反覆疑遲，不得順意者久之。我是想，康德作為哲學家對於「人」或「人間世」之善惡常在問題的思考與關心，可謂已達綿密周至、意無不盡的地步。可是在抉擇論述的方法或要點上，似猶有未把握到絕對善巧圓融的終極之境。他對於世間人之有善有惡，固然感受深切，然而在二者之根源上關於「善」的方面，只順便地用一個「道德善」的泛稱之辭，而這泛稱善的來處，則歸之於主體性的「自由意志」，再進而追蹤他自由意志之何自而有？則又不許人固自能而惟託辭於獨一無二的上帝，這顯然是其無法彌合的甚大矛盾之所在。作者本人當然會感覺此種難解的情實，但也或許認為是第一、二批判中交待過了的事，所以未再多作推述，而僅就「惡」的方面作了如上所錄婉曲周延的介紹和結證。平心而論，我對康德依知識理性之窮探所得「惡」之根本「是從一個透過主體的自由意志所決定的格律（道德法則）而來」的解說，一方面覺得是個最完美的經驗論證，我不能置一辭以相非；一方面也覺得其間應亦別有更為適當的直接解套之詮釋：不過這裡先需去除一個通常看似無謂而實屬逆理的認知方可，那就是概念上大家都把「善」與「惡」兩個絕對排斥的名相，當作相緣互動的實有物事在看待，以為天地或宇宙間劈頭就有個善與惡（如善則謂之神，惡則謂之魔）的勢力在各據一角行抵拒或抗爭。這個意想從一開始便是錯誤的，必須徹底予以消解。我的看法是（在多知善辯的人看來也許很膚淺）：宇宙或天地萬物之變化流形，只是一個「善底理體」為主導，或者說即是善底理體之自己呈現，它的功用就是在於生成或作成宇宙及其中之應然、實然的一切物事。

至於「惡」的由來則是後起的（李注：「真的不能如此說。」）佛家因為不能對之作具體存有的把握，便用個「無始無明、緣起性空」的觀念籠罩住，結果連真確實有的善道也一起遮沒而不惜。其歷代祖師菩薩開立的經論，千言萬語、卻也說得頭頭是道，堪稱「知者不惑」。我則生性笨拙，不能耐其煩瑣，而惟儒家《六經、四書》直捷輕簡之義理是服，茲姑以通常的「喜、厭、愛、憎」為基點而觀，無論神也好、人也好、乃至已涉惡途之盜賊奸匪也好，無有不是「喜愛善」而「厭憎惡」的；實在講，喜愛善即原本整全地是個善；厭憎惡即原本整全地無有惡。所以孟子稱說「可欲之謂善。」由而起行進發則曰：「有諸己之謂信，充實之謂美，充實而有光輝之謂大，大而化之之謂聖，聖而不可知之之謂神。」（〈盡心下〉）順此而存有地保之任之、持之守之，自然整個便是善的人生，善的世界了！這是順乎人情理勢所見必然、應然、也是實然的趨尚。試請以客觀超越衡準的眼光看去：當前乃至自古長在的這個世界，畢竟是善人善事多，而惡人惡事少，才能維持其恆常永續的局面（李注：「從存在事實反證，是善不是惡」）。舉例言之，如其大至一個國家、社會，小至一個城鄉、村里或家戶，必然是大多數善人行善事默然架構起來的；反之，若果多是些惡人惡事，則彼此懷私懷利，爭鬥抵拒，絕對不可能有家、國、天下團體共生的存在。

不過，話說回來，中間也確有些不軌於道的惡人惡事、橫逆恣縱，奪權據位，虐民以逞，致使太多人不得逸預安樂——同口一聲責罵他們歪種、壞胚。然則如此般的歪種壞胚、又何自而來？何由而生起？就在這裡，我要呼籲咒詛的「大家」先自建立一個跨越常識的新觀念，即：改變一下普通所感「善」與「惡」若俱為「實在物」之各據一邊、互相對峙的習慣論斷。明白言之，也就是要站在「凡物必有實體以為生發」的高處去思考，便會看出「惡」是無有實體以成生發而堪與「善」為對等之存有者。何謂「實體」？一般都以揮發動能、達成具象之存在物為言，例如：物理上此物變生彼物，則此物為體，彼物為體之發用所成；由以類推，則物物遞生遞成、相因相續而可永無斷絕。

回到形而上先驗的「道德理性」之實言，則天地萬物皆其所生發，生發即善意之流露；流露而成天地萬物，則天地萬物一是皆有善道之蘊積其中以至於生生不已。凡生之有寄——如寄而為天、地、人，寄而為飛、潛、動、植之諸物，則為定成；定成久，則不免於老舊僵固；老舊僵固，則必需再轉而新生。新生則有成，再轉則有毀，故或成或毀，統皆「善體」之流形變化、將普見道德理性之為主而有如布滿其上下左右的「善之實果」之整個宇宙萬象之存有。

依如上之衍論而切思，吾人則可斷言：宇宙或天地大全的時空裡，實在是沒有「惡之為惡」之立足的基點或地段的，〔李注：「說儒家人是無可救藥的樂觀主義即此。」〕它之冒現，原來是因為道德實理生生之過程中、由舊轉新之折彎處，必有暫呈移位分離瞬間邊起的某種氣味或劣渣，未得及時清理所滋蔓衍化而漸著為險惡的蹤影跡象而已。落實於人生人文活動場域之際限而觀，則如前所言，亦原本是承天順命、實有心性之「自由意志」為主體的絕對良善之存在。惟人生在世之年，包括世代交替永續之任何有知有性的生命必須時時刻刻，無懈無怠相應諸般源源而至的不同的人情物事行對抉，這也便有其在前修後行、左旋右轉不斷跳躍的間隙，以致無跡無象的惡蹤惡影得以因便乘釁而肆邪祟，人於其驀然來襲之當際，若不能自省自持本善之心志立予掃除克服，便將日滋蔓衍，沉淪墮落而成惡人；所作所為也便無由而不為惡事甚至造成整個之汙業濁世矣。到得此際，則自可明見有對當於前之惡行、惡事堪為實徵了。但我仍要說，這亦畢竟是個假象，理由就是這些的惡，根本只是一抹形態，並無如「善」之原有「生意」為本體之真實性和創造性；或說是沒有如康德就道德理性謂之有「軌約原則」；就知識理性謂之有「構造原則」的一套。惡，惟是相反於這些而對一切善生善成之物事，肆其為純粹之破壞與毀滅的力用。它之擬若有所相引綿延——由此惡遞至彼惡而惡惡相續不斷，看來也頗似有個「生體」的樣子。可是深細思之，它正是必須依恃或黏附於善所成就的物事或架構，淄染之以惡色而後實見為惡的。譬例以言，即：凡事皆善，染之以惡，便成惡事；生人本善，染之以惡，便成惡人——人如父子、君臣、夫婦、昆弟、朋友之類；事如奉養、忠勤、和順、守序、輸誠之則，如其理而信行之便是善；悖其理而跳脫之便是惡。中間當然有許多外誘之因，但不得算為惡有內在固然之體性。由此推觀，應可知：善是理本如此，不待造作；惡則必須附著於善所生人或成事之既在而後得有其名，她自身惟是一個以毀滅破壞為務之絕對虛無的形態，並無任何生惡、成惡或必然如此之實質體性可言（以上自「到得此際」至「實質體性可言」一段文字，乃今發稿時所增改，非原信所已備）。吾於此思之既稔，故敢斷言人間世界乃至天地宇宙之大空裡並無有可與心性為主之「善體」對等而言之「惡物」；它純然為似風非風、似氣非氣、飄忽浮遊的假存有。站在有心為主體之人的立場說，雖然難免多些糾纏，但決非不可消弭破解的無明孽障，是故儒家賢聖能堅信「為仁由己」、「我欲仁，斯仁至矣」，並且放言「人皆可以為堯舜（聖人）」；而佛氏大德亦常懸「即心即佛」、「立地成佛」之快語以勵人也。〔李注：「忒樂觀」〕

康德在自認非「意志自由」、無「智底直覺」、僅憑純粹知識理性作推概的框架下，強力搜索出一個如豆芽苗茁樣的「根本惡」，誠屬難能可貴，卻又將其栽植於「自由意志決定的道德法則（或）格律」的土壤中，則全成背離原理原則的非通似通之說。固然他預先揭示了一個「人究竟是『願意或不願意』攝持那些道德法則……」的前提條件作論證的依據，可是到得或拈得人之「願不願意」處，已經和中國孔子說「人之生也直」，與所持「子絕四：毋意、毋必、毋固、毋我」（〈子罕〉）乃至孟子所斷言「人也者，仁也；合而言之，道也」（〈盡心下〉）所示的本來面目有了幾重的隔閡；況乎一個人既以「不願意攝持道德善」為進路者，恐怕早就丟失其真人的意義，殊不足據為通人是否善或惡的論定了！所以愚意以為康氏所謂的「根本惡」，不能算是體合絕對真理而有的戡定；只是繞著外在環境歸納而見的勉可稱之曰「環境惡」則已矣。

㈣八十二頁九行以下節錄

道德上的惡……它必須是從道德主體的自由意志來，（由而）道德主體才必須對他的惡果承擔道德責任。……再簡別一層，說邪惡必須從自由意志來，並不等於說是從理性來……（或）……從理性的腐敗來……理性還是理性，其不會因為邪惡與自由意志給合了就有污染。……

（八十三頁九行）但是……不巧的是：一個人也依據著一種天生無辜的稟賦：自戀自愛的主觀原則：一個人如果僅依止自戀自愛的行為格律決定他的意志而不搭理道德法則的話，他就算是道德上的惡人……康德再經過一層的過濾，終於說出「邪惡其實是發生在我們對倫理秩序倒置上。人即使是個最善良的人，當他倒置了倫理秩序時，他就是邪惡的」；所謂倒置了倫理的秩序就是……把自戀自愛的法則放在道德法則之上……構成了道德上的惡。康德在這裡決定道德善惡的判斷……其實是奠基在實踐理性的優先性的預設上，我們從這裡看出康德哲學體系的貫徹一致。

【我見我思】以上以刪節號分別摘錄的各點意思，不得不讓我們對康德哲思與作者轉介的鞭辟入裡、竭情盡緻深感崇敬與佩服。最為難能的是其循依知識理性推徵辯證的進路，把一個人人厭憎、惟恐避之不遠的「惡行」「惡事」加上「根本」二字，黏貼著道德主體的自由意志作分說，不但於道德主體自由意志無有絲毫的貶損，反而藉著「道德上善的」之不可侵犯性，對顯出一個真正地「根本惡」在身的人、謂之為「道德上的惡人」，由而套住人之為惡自身當該負起最大最高的責任而無所容辭；並且就惡人之自善人位上蛻化而為惡人之過節處，先訂出凡人皆有「一種天生無辜的秉賦自戀自愛的原則」，惡人就是把人所應該遵行的道德法則優先於自戀自愛法則的秩序倒置了，而在不知不覺間使得自由意志變得被輕棄，而惟傾向自戀自愛，漸漸加深加強而形成一種類似「根本」之「惡」之不可復去矣。這也就是康德「奠基於實踐理性的優先性的預設上」而成其「哲學體系的貫徹一致。」我看康德這些一步一步進逼的揭示和論述，確實信得是精深透闢而周密。但是，從圓實宇宙之創生的整體以觀，卻也只偏邊地及於人生動態流放情節有時而過之深挖或窮探，仍屬經驗領域中較為敏銳透亮的觀照，未必可語於達至本真地何是之體味與形踐（李注：「康德哲學的特色在從『判斷』始，雖然必然從經驗領域開始，然其來源必然不是經驗的。周老師在此沒有掌握 Kant 義矣」）。若從中國先賢所強調如詩之云「天生蒸民，有物有則，民之秉彝，好是懿德」（〈大雅・烝民篇〉），「戰戰兢兢，如臨深淵，如履薄冰」（〈小雅・小旻〉）之完人的實樣（洒落一切經驗的牽扯）去體察會證時、則如我們前第㈢節之論說，並無深植於人而為其內容之一的「根本惡」之可言，它只是先天完人因應萬事萬物之多有不可必免的罅縫或空檔裡滋生蔓衍的雜渣蹤影而已（李注：「康德哲學的始點不在此」），是可由人生主體先患預防、時加警惕戒慎予以清理排除的。其實，即或人依良知主體應物處事之偶因間隙而致差誤過失，也不宜即視為與生俱來之有傾斜於惡之向度。蓋若如是，則將只見其全幅是頂著煙霧式的原罪，勢且無一物之可用，一事之應為，而惟涅槃寂靜是修，天國神境是趨之絕塵而往矣。

(五)八十二頁二段起節錄

康德反來覆去重重交待根本惡的涵義……原來從此人類必須為自己的善行或惡行完全負責任，從一個動物性、生物性的存在、提升到一個道德理性的存在……一個價值領域的存在。……他說人性根本惡的起源，是不能以時間的有始無始論的。……因為那將立刻與自由意志的觀念起衝突，因此……必須只能是一種「理性式的起源」，而不能是一種時間式的起源。……我們也不能再在人性自然的傾向裡追究，只能從一個實際的惡行裡尋找它內在的可能性，也就是詢問在意志裡發生了什麼作用會值得惡行出現，這樣一來，每一件惡行都不能在時間裡追究它的起源，只能當它是一種原始天真的突然喪失或墮落，這……正好反應出人性不斷地向惡的傾向……這裡透露一個極為強勁的解脫空氣……因而論證出一種成聖成佛及解脫的可能性……一種逆覺、跳躍所以可能的基礎。

【我見我思】上錄之大段文字，全是作者對康德「根本惡說」的直截敏利之申析，內容涵義雖曰曲折多致，而文理意旨卻一氣呵成，頗似行雲流水之自然天成。整體看來，以毒性甚重的「根本惡」深深置根於人性，然後別開生面地攬住一個道德主體的自由意志負責任地擋住或制衡之，使得人「從一個動物、生物性的存在提升到一個道德理性的存在。中間並從起始點規限惡只能是一種理性式的起源，不能是一種時間式的起源」（這意思可與我人上之㈢節主張「惡無存在世界之立足點的說法正相吻合」），而終於「透露一個強勁的解脫空氣，一切知過能改立地成佛的契機，論證出一種成聖成佛及解脫的可能性」。這說起來，都是從古至今極少見的一種對頑劣的「根本惡」、無可奈何地所作最通透明白的清理和交待，確似大義凜然，無懈可擊！

但是，它果真代表終極盡善之論嗎？則恐未必然。因為如果相對地從正面直行的線路去思考，把一個「根本惡」推到原生固然的地位，然後再藉著或乘著一個強勁的「解脫空氣」來論證成聖成佛的可能性，豈不即如說是一個人之為生性本善的執持或高品質人格的成就，必有賴於既無理、又無實的虛流飄渺之「惡」之為墊腳石才行嗎？這似乎太過背反人情了（李注：「此是誤解！非此義」）所以我個人自始即質疑一般之「去惡為存善之基調」，而堅信「存善即可無惡」之原理原則，深深敬服牟宗三和唐君毅二先生所表稱的義旨相同的意思：前者以為「人之捨離現實而成佛（神），不如不離現實而即之以成聖之為更莊美」。（李注：「康德是『即義』」）後者則以聖人為格範謂釋、老、耶、回之主為「偏至型」，而儒宗孔子則為「圓滿型」（二家之說，吾係初讀其論文，所得大意如是，後來著於何書，則已不復記憶）。作者視「成聖成佛」乃：緣於其先之非依時間概念或因素之某種境相下「透露出一種極為強勁的解脫空氣」……是其……「論證出一種逆覺、跳躍所以可能的理論基礎。」誠然！誠然！但對聖、佛之得成就及所成就之路徑和內容，應會實知其畢竟有所別異才好。我個人自省一生走在物實世界，不能否認完全沒有泛起過差錯的念慮或歹行，不過一經理性之審視，便知其其非是而常懷悔憾；而一到悔憾不欲再犯（這事實也很難一定掌控），則仍然覺得可為一個照體獨立、無所負累的存在，不曾感到有個「根本惡」如附骨之蛆之脅迫一再行而必不可去也。

如實而論，凡惡之在於人，不在有惡之不能改、不及改。《論語》記子貢之言曰：「君子之過也，如日月之食焉；過也，人皆見之；更也，人皆仰之。」（〈子張〉）實屬永恆不朽之真言；我人今且循之而轉為積極之想，則要在本善之未能持，有過之未及改。善之未能持，過之未及改，應都屬於時間的問題，不得視其如實體物，因非時間概念可以歸納即統合命之曰「根本惡」，致使人無足以真能為善之正途與前景。何況從來人類中正有終生持善不怠而無惡之聖人：在中國則如孔子……；在西方則有個耶穌；印度則有個牟尼佛；阿拉伯世界則有個穆罕默德。這些都是父母所生之人而神者，決非從天而降之獨一的神靈。《孟子書》引「顏淵曰：『舜何人也，予何人也，有為者亦若是。』」我人今亦仿之而曰：彼人也，我亦人也，我何為而不如彼哉！

末了，別因讀過大作第五篇論文〈從康德哲學看「傳統中醫」作為「哲學」與作為「科學」的兩面相〉中，由「以太」的觀念推徵陰陽五行之何是，使我想起二十餘年前撰作〈董仲舒之天道觀、陰陽五行說與人性論辨義〉之文，頗多思見相與契應者（該文曾獲國科會兩次學術研究獎助，先後發表於《中國文化月刊》及《唐君毅先生紀念論文集》，後復輯編為拙著《儒學探源》之第五篇）。茲乃取唐先生紀念集之抽印本複印一份隨函附寄，意在藉資同好之援思互證耳。

另附《鵝湖學誌》二〇〇二年刊出之〈儒家圓教與海德格存有論思想之對勘……〉複印本一份，想賢友早已見過，茲之特為附陳，勞神審閱，亦欲以釋鄙懷素抱之癖執有由也。

參、從《生命的學問》一書覘

——牟宗三先生的儒學志業與時代關懷

沿起

牟先生人品高卓，學思宏富，生平講學歷年之久，著述成冊之豐，舉世罕見其匹。我生有幸，始自民國四十一、二年間，得便於報章刊物，尤其是《人生》與《民主評論》兩雜誌，更迭讀到　先生許多關於歷史文化方面義理精切透闢的文章——即後來輯編為《生命的學問》、《歷史哲學》、《政道與治道》、《道德的理想主義》等巨論名著者——所受震撼感發之深，誠有若得脫胎換骨、再世為人之慨。故雖已越數十寒暑，猶且念念永續，不能忘懷。如今，先生逝世又逾十載，同門賢友為紀念巨星殞落，葆其餘光，所收自始生至終老諸逸事及行世書文，蔚成三十餘巨冊之《全集》，中間獨少《生命的學問》一書；原因乃由首次出版商以版權買定，依法不許再印，致成缺漏。竊恐長久散失，流為佚典，後人莫得而復窺　先生生命躍動之初機。撫心思之，甚覺遺憾！爰就先於　先生逝世週年紀念會上口宣而未及編列叢集之粗稿，重行整理修飾，竟成此篇發表於本議場，既以彰　先生盛德之餘音，亦以竭一己崇仰之微意而俾益後之學者通觀也。

一、主題及篇目簡介

《生命的學問》，從語文之表意處看，固可盡儒家全部典籍、全幅義旨而俱是；即以牟先生個人言，綜其生平之一切著作與成就，亦可通體如是而謂之。惟今茲不才所欲紹述者，則專指其以此名義標題之單行書本為據耳。

是書輯錄先生自民國三九（一九五〇）至四六（一九五七）七、八年間，分別發表於各報刊——包括公開講演、應時撰作、書信辯答等諸類之文章。所以命曰《生命的學問》，正因中間有一核心理念為貫串，足以興發個體生命、民族生命之正氣，充拓歷史生命、文化生命於永續之故也。編目二十有一，除首尾兩篇——〈懷鄉〉與〈水滸世界〉，為先生藉以自述孤懷獨造及具體感悟之外，餘則可依論旨之多方，概分六個簡要之系列：

1.二至四篇為哲學之進於生命意義的推述；

2.五至七篇為理性之通於道德、政治、學思三統之辨析；

3.八至十二篇則界說宗教精神與人文主義之定理；

4.十三至十五篇則具言為學與為人之實例；

5.十六、十七、二十篇係專論黑格爾哲學而附及王船山

6.十八、十九兩篇係感於學風世情陷溺，而思救治之道者。

揆其總持之思想及運作程態，純是道德理性為主斷，由而開展或擴及諸般醒世箴俗之論證。內容繁富，意理豐沛，本文一時不能詳備，謹就其大體結聚於四事者，為之提舉繹述並略加分疏如下。

二、內容析述

㈠人生智慧之啓迪

1.感於當代人類之苦難

先生最先所面對的是現代人之失根，甚至有人不把人當人看，如共產黨。所以他有自己的反省、抗拒，因而形成孤峭、抽象的存在；於是以寫文章、發議論抒展情懷。初「由藝術的興趣之不容已，轉到道德性的擔負之不容已」，主要是感到現代人太苦了，實在有其置根落實的必要。也常意識到：自己所發的那些思想，完全是想從崩解墮落的時代，湧現出足以安定人生、建立制度的思想系統上的根據，是對於「人之為人」本質的懷念。觀乎孔子「老者安之，少者懷之，朋友信之」，張橫渠「為天地立心，為生民立命，為往聖繼絕學，為萬世開太平」之宏願，先生深感生在這個崩解的時代，自己以孤峭乏潤澤之生命，只能一往偏傾，求其生命於抽象之域，指出時代癥結之所在，凸出一思想系統以再造。甘願受此痛苦而不辭，則亦安之若命也。（〈懷鄉〉）

2.要有無知為知的智慧

先生以「有取之知」是明他的，「無取之知」是明己的。兩相比較，無疑以後者最關重要，於是舉莊子齊物論「庸詎知吾所謂知之非不知耶？庸詎知吾所謂不知之非知耶？」為之解說——「你那些有取之知，對自知自明言，全不濟事；我這種不知，對自知自明言，倒是一種真知。」先生以為人要返回來而至無取之知，則必須把一切「有取」打掉，灑脫淨盡，而後歸於照體獨立，四無依傍，始能有哲學智慧之發露。這是對有志於作哲學活動者之啟迪，並提示幾種預備的心境：第一，現實的照顧必須忘記，名利的牽掛必須不在意。第二，要有不為成規成矩乃至一切成套的東西粘縛的「逸氣」。第三，對於現象常有不穩與陌生之感。以上第一點叫漢子氣是勇，第二點逸氣是智，第三點原始的宇宙悲懷，是仁之根也。

（〈哲學智慧的開發〉）

【謹案】上所節陳，蓋為先生基本之理念與期盼，依此，引生下面多篇具體推論。綜其大旨，則是以哲學義理為宗綱，闡發古今諸聖賢學者之創見與志業——中國如孔孟的仁義之道，宋明程朱陸王的心性之學；西方如希臘柏拉圖之把握理型而成功「形式體性學」，近世康德、黑格爾之「超越的分解」與「辨證的綜合」，皆所必辨。蓋由人之為生，本具有「存活」與「價值」的兩個層面。存活面之需求，要為凡物皆有之本能，可以各在本能之直接回應下獲得解決，即使窮追猛探，達致絕塵遠舉的成績，終亦只是為方便價值存在之條件或手段而已。惟獨價值面之透顯，才是人之所以為人真正的目的，此則必待於正確觀念之建立與自覺：前賢往聖殫精竭慮，既於形上實在之真理有發明，於當下生命之意義有點化，自應為吾人思想智慧求為價值實現之存在所必依持也。

二民主、科學之開發

1.正視客觀理性之運作

在〈尊理性〉一文中，先生特別談到「理性，若簡單指目出來，不外道德理性與邏輯理性兩大綱領。」就此申言，中國文化傳統，講的是性情中的理，是事實中的理（即道德理性），好可以「極高明而道中庸」，很合情理；壞則不免泄沓散漫，軟疲無力。理性若不經過一番撐開，依邏輯理性，轉出「架構表現」，便很難適應當前這個時代而自立的。因為只有它才能形成問題、解決問題。中國處於這個大時代裡，恰恰遇到如何站起來一問題、現代化問題，也就是普通所談「建國」的問題，而建國的精神，顯然需要一種架構精神，即理性之架構（客觀）表現的精神。

由是說到民主與科學的對比。先生認為科學技術是人的理性之用於物、處理對象，是對付「是什麼」方面的事。而民主則是理性之用於其自己、處理其自己之為一「實踐的存在」，屬於價值理性之表現，但不同於道德理性之直接表現，而是價值理性之間接表現，亦即架構表現，表現一架子。

2.學統、政統與道統之分限

在與王道先生討論「道統、學統、政統」之長函中，先生表示：科學亦是一種學，它有其本性與基本精神、而且源遠流長。它亦不能充當或替代「德性之學」。以「學統」名之，所以使人正視其本性或機本精神，亦所以限定其分位與層序，且所以彰「德性之學」之特殊也。故此若曰學統，則中國「德性之學」之傳統即名曰「道統」（西方道統在基督教）。此只是道德之分限，如離開此問題而泛言學，則雖是「道」是「教」，亦可言「學」，如「心性之學」。學統之成，是心靈之智用之轉為知性形態，以成系統的知識——它是無國界、無顏色的，是每一民族文化生命在發展中所應有。這亦如佛教所講「共法」，非「不共法」也。

民主亦與科學同為每一民族文化生命發展其自己之本分事。先生提出「政統」一詞，意指「政治形態」或政治發展之統緒而言，不單指「民主政體」本身言，是通過客觀實踐中政體之發展，而言今日民主建國，乃理之所當然而不容已，且是歷史的所以然而不可易。在客觀實踐中前有所自，後有所繼，而垂統不斷，故曰「政統」。總之，三統之說，乃扣緊文化生命、亦即科學、民主與道德理性發展之大動脈，關聯著時代癥結，未來途徑，予以義理骨幹之疏導所集聚而有之正名或雅稱也。

【謹案】科學、民主，是人在現實世界中求為合群安善、利物自用；亦即政治建國、利用厚生之大的行動所必備。中國以前的文化精神，因為偏重在主觀的心性之學，仁義之教，不免忽視了客觀的邏輯推論、物理法則，以此在化成天下時，便只有「理性之運用表現」，而無「理性之架構表現」，遂致民主、科學未能應機出現。但二者既然亦為理性之表現，且是無國界、無顏色，而為任何民族文化生命發展其自己之本分事，則於中只要從心靈上作一迴旋，轉「運用的表現」為「架構的表現」，便不難期其如實而有之。誠然，在於轉變之過程中，必有許多異質異向、繁富萬端的跳躍式的調節，不免為部分人之或視新興之見如奇說而不取，或視先祖之業如毒物而當拋。殊不知歸本於人之主體生命、原具無限可能之天賦而言，此便只需理性之自覺地一曲，即可奠定鴻基，進而成就先後賡續，新舊交替之偉績者，故先生別鑄「良知坎陷以知物從物」之名言，得為通人之共許為精義睿知所存也。

(三)人文理想之護持

1.開示生命的學問

在〈關於「生命」的學問〉一文中，先生劈頭便以為：民國開國五十年，思想界大體是混亂膚淺而喪失其本。此種悲慘命運之根源，是在「生命學問」的喪失。蓋自辛亥開國以來，社會上大體皆知要求科學與民主，傾全力向西方學習。但是科學與民主政治，自其出現上說，並不能自足無待。如果人的生命不能清醒凝聚，則科學不能出現，民主政治亦不能出現。真正的生命學問是在中國。但是這個學問傳統早在滿清入主時便已斷絕了，而且更為近代知識分子的科學尺度所窒死。如何是生命的學問？先生以為可從兩方面講：一是個人主觀方面的，一是客觀集團方面的。個人主觀方面的修養，即個人之成德，是不能離開家國天下集團之大共體的。依儒家教義，沒有孤離的成德。因為仁義的德性不能單獨封在個人身上，仁體一定要向外感通。「義以方外」，義一定要化在分殊的事上而曲成之，故羅近溪講大學云「大學者，連屬家國天下而為一者也。」進一步，且要由人文世界擴及於整個天地萬物，故王陽明云「大人者，與天地萬物為一體者也。」程明道云「人者與天地萬物為一體。」民國以來，很少有人注意這種學問，只有熊十力先生的學問是繼承儒聖的仁教和晚明諸大儒之心志而前進的。而先生本人則以親炙師門、目擊而道存，所感發者多，故自三十八年起，眼見大陸淪陷，乃發憤從事文化生命之疏通，以開民族生命之途徑，以立生命的學問，於是有《歷史哲學》、《道德的理性主義》、《政道與治道》三書之寫作也。

2.辯斥歧出的文化意識

在〈壽張君勱先生七十大慶〉之文中提到：五四新文化運動之出現，主要意向本是反帝反封建，提倡科學與民主，這都是不錯的。然而由此開出了意識的歧出，對於原先最重要的民主政體之充分實現之政治意識，反倒日趨闇淡，直不在心中佔地位；佔地位的倒是跟反封建而來的反中國文化，這已先動搖了自己的命根。還不止此，又開出了馬克思主義的社會主義意識。這個歧出是一個軒然大波，是一個大逆轉。由民主政體建國之主幹的政治意識，一轉而為社會革命意識，遠離問題的中心，全繞出去而注目於社會，注目於經濟之平等。於是出之於馬克思口中的社會主義而益之以唯物論，便大大激盪人心，加重人之革命性，肆無忌憚，全成了神魔混雜，喪失了傳統的純潔性與理想性，而天下大亂了。

3.勉人切實做個真人

自一次〈為學與為人〉的演講中，先生藉熊先生常說的兩句話「為人不易，為學實難」，勉人無論為人為學，都要拿出真實的生命，才能有真實的結果；「為人不易」，總持地說，就是要想真正地作「真人」，是不容易的事情。正面的意思即人在面對真實的世界，必須努力做個有真實責任感，真實地存活，承擔一切的一個人。孔子說自己只是個「學而不厭，誨人不倦」的人，這就是一個真人。不自裝作聖人、仁者，只是「學不厭，誨不倦」這個永恆的過程，便把真人的意義顯示了出來。不管這個世界怎樣洩氣、不鼓勵我們，我們總不能厭、不能倦，這就不容易作到。因為在不厭不倦中呈現生命之「純亦不已」這是一個「法體」「仁體」的永永呈露，亦即是定常之體之永永呈露，談何容易！

再說「為學實難」，這個難並不是一般說「困難」的難，當該說是「艱難」。❶當年朱子臨終對學生說「艱難」兩字，表示他活了七十多歲，奮鬥了一輩子，到底還是教人正視這兩個字。確定地說，就是一個人不容易把你生命中那個最核心、最本質的地方表現出來——「搔著癢處」。有人一生東摸西摸，摸不著邊際，找不到核心，就是自己生命的核心，沒處表現，這不就會感到艱難了嗎？先生覺得一個人誠心從自己的生命核心這個地方作學問，雖然很不容易、很困難，也必須奮發進取，成就真學問，做個真人。這便是維護人文理想最基本的條件，也正是熊先生最懇切真摯的用心。

【謹案】人文者，人類文化之簡稱。此最為《生命的學問》重心之所寄，上述㈠㈡㈢段之義，不過略表先生之關懷於「斯人」者無已耳，未足以盡其所存內容之精深弘遠於萬一。何以謂之「人文」？易云「觀乎人文以化成天下。」由此，當知其涵生育德之功能為何如。人能把握住這點，則如位居宇宙中心，大可有備萬物而與天地同流之積極精神之表現。然此

---

❶ 所謂「困難」，是就事情的處理上說。人在遇到某些非關人格精神理想之事有困難，做不下去，為免徒費力氣，可以放棄不做。所謂「艱難」，則就人之生命途程說。人生路上，自有許多當為或必為之事，縱然險阻重重，仍須不計成敗，甚至死生以之地奮力做下去，於中點點滴滴之感受，便只有「艱難」二字可以形容了。

人文之所以為人文的定義，在古先時代或聖賢的身上，自屬理所當然之呈顯，至少亦必孜孜不倦地期於達至。不幸延展至於近世，卻頗有漸歸淹滅之勢。蓋以通常人本來易溺於物質享用，權利爭奪，只此已使人文理想之保固為難；今則更有一般心懷叵測，但憑智巧，浮現上層之投機者流，假冒知識分子之美名，從中煽風點火，蕩撿摧閑，大倡理智一元、科學一層之論；甚者且逕稱物質至上，而主歷史唯物之觀以芻狗生民。如是，則人已不成其人，更無論文之得否為文矣。此所以書中輒多闢邪斥謬，嚴厲譴責之辭；而所為救援之方者，則在處處教人真心為學，誠心做人，並且隨時揭示天賦道德主體之奧秘，以提振自然生命之形上價值。至哉！先生之大論，宏深而透闢，無所用心者，固將末由以追矣。

(四)宗教義理之分判

1.宗教之普世性與特殊性

先生在與王道先生長函中嘗宣稱：「吾人不反對基督教，亦知信仰自由之可貴，但吾人不希望一個真正的中國人，真正替中國做主的炎黃子孫相信基督教。」實因一般傳教者，每以「宗教為普世的，當該為人人所信仰」為言，故先生有以上明確之表意。蓋以宗教之為義，雖是最普遍的，亦是最特殊的。上帝當然是普世的，並不是這個民族那個民族的上帝

（猶太人獨佔上帝是其自私）。然表現上帝而為宗教生活則是特殊的（上帝本身並不是宗教）。孔子講仁當然不只對中國人講，仁是最普遍的。然表現仁道而為孔子的「仁教」，則有其文化生命上的特殊性。因為無論仁或仁教，皆是自內在的靈魂深處而發。這裡既有普遍性、亦有特殊性，其普遍性是具體的普遍性，其特殊性是浸潤之以普遍性的特殊性。故吾人不能抽象地只認普遍性一面，而謂中國為何不可耶教化。汲汲於中國何不耶教化者，其固執於獨一信仰之情操，雖不可誣，然於宗教之在文化中之義理關節，則畢竟未盡知及仁守之責也。❷

2.中國人文教之定義

在〈人文主義與宗教〉一文中，先生定稱孔子之教為「人文教」。因其所肯定而護持之人性、人道、人倫有定然性與普遍性，足為日常生活之軌道；所以不只為理論式的人文主義，而是一宗教。蓋由其不捨離人倫而即經由人倫以印證並肯定一真善美的「神性之實」或「價值之源」，即一普遍的「道德實體」，故可成為宗教。這也就是說，人文教之所以為

❷ 上段文意，先是針對謝扶雅先生常有如此之質疑而發；後來又有胡簪雲先生於《人生》一六五期提出非難，以為「不反對基督教，而又不希望真正的中國人相信基督教，二者必有一失，或二者均失。」復由周群振再申先生之義於《人生》一七一、一七二期發表〈宗教信仰與宗教真理〉一長文以為回應。（該文今存商務《人人文庫》一九八五、一九八六雙號本《人生理想與文化》之第十篇，可供參閱。）

教，下可以落實為日常生活之軌道，上可以昇舉而肯定超越普遍的道德精神實體。此實體通過祭天、祭祖、祭聖賢而成為一有宗教意義之「神性之質」，「價值之源」。基督教中之上帝，因耶穌一項而成為一崇拜之對象，故與人文世界為隔；而人文教中之實體，則因天、祖、聖三項所成之整個系統而成一有宗教意義之崇敬對象，故與人文世界不隔。此其所以為人文之教也。先生以為處今之世，單據日常生活之軌道，與提撕精神、啟發靈感兩義，即有於科學、民主以外肯定並成立人文教之必要。若推廣言之，為任何國家著想，皆當於民主科學以外，有肯定「宗教」之必要。否則，一民族決無立國之本，亦決無生命文化可言，而終將國且不成其國矣。

【謹案】宗教與道德，本質上不相違異。基源處是肇因於人之自覺於既超越又內在之理體有執著，由而昇華為客觀所對之天、神、上帝或仙、佛，興起信仰崇拜之誠心。落實於社會文化領域中凝固為定型，無論儒、釋、道、耶、回，俱有足以蔚成日常生活軌道之效應，而具高卓美善之價值意義。不過，就各教之內容形態或所堅執之途向而言，則顯然又有「滿盈」與「偏離」之差異。此中之關鍵問題，要在「主觀性原則」與「客觀性原則」之是否兼備或兼顧而已耳。大抵儒家之天道性命相貫通，祭天地與祭祖先、聖賢之並存並行，是為主、客觀兼備兼顧，亦即超越與內在相融為一之典型，可因其圓足無漏而定稱之曰「盈教」。餘則或如基督徒之僅為上帝之尊奉，而自視罪孽深重、卑弱不堪，是之謂「枉主而伸客，泯能以彰所」；或如佛、老信士之惟內在德性之修持，而置最關厚生利群之家國事務於不聞不問，是又成「嚴主而忽客，證如不證悲」，二俱傾側於一隅，不得不以其偏缺未全而謂之「離教」也。先生於此，思深慮遠，故嘗明示：「吾人不反對基督教，亦知信仰自由之可貴，但不希望一個真正的中國人，真正替中國作主的炎黃子孫相信基督教。」（語見前錄〈致王道先生信〉）又嘗謂：「佛教不能建國治世，不能起治國平天下的作用，表示它的核心教義必有所不足。」❸此皆至情至性蒸發流露之真言，世之因此肆意攻訐者，蓋亦自惑之一往不返而已矣。

三、結論

以上各節之述疏，大致已就全書幾項要旨概陳明白。凡一心誠求之的讀者，於此等架構形式之理解以下，當復切感於先生遍布篇章各處之恆常不息之動因：一即內蘊充沛之「情

❸ 原見《宋明儒學綜述》〈第三講〉，本書〈答澹思先生〉文有引舉。

懷」；一即外顯偉岸之「學養」。前之關涉明著者，乃其對於時代風習卑陋物化之殷憂創痛，幾已至毫無保留而近乎傾瀉奔波之境，昔人謂「憂心悄悄，慍於群小」，又云：「憂以天下」，或「先天下之憂而憂」，先生蓋真體諸身而見諸行矣。後之積累豐厚者，則為對於中西哲學、義理脈絡之精研透徹，亦已達無論而不融凝通貫之地。陸象山稱「萬物森然於方寸之間，滿心而發，充塞宇宙，無非斯理」，又謂「東海、南海、西海、北海有聖人出焉，此心同，此理同」之信念，先生蓋尤有諸己而示諸人矣。於是，竊嘗於先生大去之日，摠其生平大略，併諸行世風儀，共同門諸友撰一聯語輓之曰：

> 天地人精神相通，其誰踐形無間；
>
> 儒釋道義理俱在，惟師判教分明。

雖未盡意，亦庶幾以表仰鑽瞻顧之愚忱耳。

末了，請復更申一議：即本書之在《全集》中應有個相關的交待。其為事體，則要須吾人知得先生有生之年，思理始終一貫。試觀其先後期富美如林之偉著，基本理念或志節，無不充分預見於本書。孟子贊孔子集大成之言曰：「集大成也者，金聲而玉振之也。金聲也者，始條理也；玉振之也者，終條理也。」先生自如本文前述諸般義旨之沖發，勢若泉湧，流衍推擴至於一部一部巨著問世❹，終且會歸於《圓善論》之結撰，蓋亦差可與相比擬。然則溯源返本而言，此《生命的學問》一書，是獨具開光點化之綜攝性作用的，因而即視為《全集》整編之〈緒論〉或〈導言〉，以備來學於先生者預習進取之資，固其應然！他日有緣重印，自當採列於卷首；若不得時，亦須主事者先擷其要義，著一短文說明之斯可也。

---

❹ 舉其最為骨幹者四類言之：

(一)關乎中國傳統方面者：

甲、周易的自然哲學及道德涵義；乙、歷史哲學；丙、名家與荀子；丁、才性與玄理；戊、佛性與般若（上下冊）；己、心體與性體（上中下三冊）；庚、中國哲學之特質；辛、中國哲學十九講；壬、圓善論。

(二)關於純粹哲學理論方面者：

甲、邏輯典範；乙、認識心之批判（上下冊）；丙、理則學；丁、智的直覺與中國哲學；戊、現象與物自身；己、中西哲學之會通；庚、四因說演講錄；辛、康德三大批判之譯註。

(三)關於人生理想與時代癥結方面者：

甲、生命的學問；乙、道德的理想主義；丙、政道與治道；丁、五十自述；戊、時代與感受。

(四)關於譯註方面者：

甲、康德的道德哲學；乙、康德純粹理性之批判（上下冊）；丙、康德批判力批判（上下冊）。

(五)關於隨機發表之談話及短篇文字或書信，與最近數年間講演之錄音、錄影帶猶待整理者數十捲。今茲不及詳備。

肆、孔子中心思想管窺——《論語》經旨

通貫古今人類生命精神之義用述略

小記：此短篇係應《鵝湖月刊》為紀念孔子二千五百五十年聖誕，所訂〈孔子思想與世紀之交〉主題約寫特稿之邀，爰就參與同時同性質之「孔子學術國際會議」論文（該〈論文〉後來轉為《論語章句分類義釋》〈緒論B〉），擷取意理相涉之部份內容作成，幸請讀者諸君諒督。

一、

中國歷史文化，如果我們肯定有其主流思想，又以此主流思想的價值之原，歸於儒家義

理為尚之道統或學統，則作為宗師孔子生平之所成就——包括語文宣著，人格示現，自然為人間至尊至貴之瓌寶。《中庸》稱：「仲尼祖述堯舜，憲章文武，上律天時，下襲水上，辟如天地之無不持載，無不覆幬；辟如四時之錯行，如日月之代明。小德川流，大德敦化，此天地之所以為大也。」《孟子》亦云：「孔子之謂集大成。集大成也者，金聲而玉振之也。金聲也者，始條理也，玉振之也者，終條理也。始條理者，智之事也；終條理者，聖之事也。智，譬則巧也；聖，譬則力也。由射於百步之外也，其至，爾力也；其中，非爾力也。」（〈萬章篇下〉）觀夫思，孟二家之論贊，以及爾後千百世之通人普遍崇敬，儒學永續綿衍，可知聖人化育功深之難於計量，而必有其生命精神巍然獨特之表徵，足資召喚：是則為萬代師儒顯宦，王公大人乃至農工商賈，市井黎庶，皆所童而習之，壯而行之，老而傳之之典範——《論語》一書是矣。

《論語》之成書，據，《漢書・藝文志》說，乃「孔子應答弟子、時人及弟子相與言，而接聞於夫子之語也。當時弟子各有所記。夫子既卒，門人相與輯而論纂，故謂之《論語》」。大抵秦漢之際，流行有《魯論》《齊論》及《古論》等三種編體。嗣經漢末鄭玄且「就《魯論》考諸《齊、古》為之註。」（何晏《集解・序言》）此便是二十篇經文流通至今之定本定型。惟以時代移迻，學風屢遷，思解方面，輒因立場或觀點不一而詁詮異路之注疏與解辯、訓釋，當不下數十百家之多。然而大勢所趨，凡諸紳俗士庶，莫不淺深讀之，而俱能隨份獲得運用體合之宜。今且試問：何以其風動人之大效也至於如此？無他，即以其內容所關，義理所行，原係攬整個人類生命本來質性而為之開發和貞定，故才無論智愚，位無分高下，只須忠誠信受，便皆可有如份踏實之自得，而所由流貫溉注之基本觀念，則要在一個「仁」為主體或本體物之揭示與充拓而已。

二、

所以謂「仁」之為「主體」或「本體」云者：是通過人之生而常自運作的「心性」活動中覓得發露之幾。此初乃聖人觀察驗證功化之所及；其在庶民，則可因承前修已發之思，循以反躬自省，勤敏踐行，而頓覺現成具足，適以條暢生命，如孟子所說：「萬物皆備於我矣，反身而誠，樂莫大焉」（〈盡心上〉）；「君子所過著化，所存著神，上下與天地同流」（同上）之無量地受用。《論語》之書，就是立於此個基礎上予人啟迪；而在現實生活中處處點撥指引，導使達至高明精善的美滿之地。所以從古至今，凡不甘於沉墮而欲自潔其身之人們，總是父以傳子，師以授徒，家喻戶曉，相責互勉，因而結聚，亦即蔚成我華夏民族文化如實可徵之盛大德業者，不能不推《論語》始建仁教之為神效神應也。

夫「仁」之主於人，一方既具超越內在之實，原出心性之本然；一方亦涵潤澤及物之能，功在踐履之誠篤。二者如前所言，俱由孔子或《論語》備極浹洽貞定之示現，此下，則當復為分別略加引論和剖釋。

關於「心性」一方面，書中雖少顯稱其名，卻絕非無所申其實。例如：「人之生也直」、「為仁由己」、「仁遠乎哉？我欲仁，斯仁至矣」、「有能一日用其力於仁矣乎？我未見力不足者」，尤其「性相近也，習相遠也」之句；正皆後來孟子力主心性至善，聲稱「仁義禮智根於心」、「惻隱、羞惡、辭讓、是非四端之心，人皆有之」，「心之官則思，思則得之，此天之所與我者」以及「仁義之心，平旦之氣，好惡與人相近也者幾希」之所本。

至於「踐履」方面，則由日常生活之具體呈露，更見操持多方，所謂「出乎其類，拔乎其萃」，歷千百世至於今與後，無或能不以為師法準則者。扼要而言，可概以「修己」與「安人」兩大途向定之。修己，則「學而不厭」，例如：「吾十有五，而志於學，三十而立，四十而不惑……」，「德之不修，學之不講，是吾憂也」，「三人行，必有我師焉，擇其善者而從之，其不善者而改之」；乃至盡力「知及」與「仁守」，「不患人之不己知，患不知人也」，「君子無終食之間違仁，造次必於是，顛沛必於是」。安人，則「教而不倦」，例如：「有教無類」、「自行束脩以上，吾未嘗無誨焉」，「己欲立而立人；己欲達而達人」，乃至不廢互鄉童子之接見，不遺老友原壤之杖喝，而終期於「老者安之，朋友信之，少者懷之」。

三、

仁之內具於心身謂之性，由而通貫於宇宙則為道。「道」者，公通普遍之實體徵象也。切就文化創進之歷程言，即《中庸》所謂：「君子之道，本諸身，徵諸庶民，考諸三王而不繆，建諸天地而不悖，質諸鬼神而無疑，百世以俟聖而不惑」之準則。故其〈首章〉且徑稱「道也者，不可須臾離也，可離非道也……莫見乎隱，莫顯乎微，故君子慎其獨也。」而《易經．繫辭傳》則據生生之易義斷云：「一陰一陽之謂道，繼之者善也，成之者性也……顯諸仁，藏諸用，鼓萬物而不與聖人同憂，盛德大業至矣哉！」此種關於「道」為價值基源之論，事實上，皆已先見於《論語》之肯定與崇尚矣。

由而詳考其實旨，且已達至「全身是道，全道在身」之境，積成精神生命之永存，極於軀體之死活、安養，俱可無以為心累。如曰：「朝聞道，夕死可矣」；「君子食無求飽，居無求安，敏於事而慎於言，就有道而正焉，可謂好學也已」；「士志於道，而恥惡衣惡食者，未足與議也」；「君子謀道不謀食，耕也，餒在其中矣，學也，祿在其中矣，君子憂道不憂貧」。夫唯如是，故：

其在持己也，則可不待多學，而自能「吾道一以貫之。」「天生德於予，桓魋其如予何？」

其觀於社會也，則不計毀譽，而謹守「道之將行也與？命也。道之將廢也與？命也。公伯寮其如命何。」

其應世變也，則「道不行，乘桴浮於海。」「篤信好學，守死善道。危邦不入，亂邦不居。天下有道則見，無道則隱。」

曁乎成功也，則曰：「人能弘道，非道弘人。」「吾之於人也，誰毀誰譽？如有所譽者，其有所試矣。斯民也，三代之所以直道而行也。」

凡此創言道之大用，及如實印持之方，皆明見一精神體式之超越在上、又全幅布護於下，而為生民所必崇奉且能自我充份運作者。後經漢、唐、宋、明儒學之代傳代興，愈宣愈普，而在吾華族文化中，幾若布帛粟菽之不可或缺，遂以形成思想理念環拱之中心而正名曰

「道統」，固所當然也。人其焉得而妄議非之乎？

四、

此上所序列，以限於篇幅，不過大綱言之，若進而宏觀其願景，自是得致天人合一、物我不二之根源義理之所在，而證諸中國已往歷史之具現光煇燦耀，愈久彌豐之偉蹟，誠屬無庸爭議者也。惟時至今日，由於空海交通，五洲接壤，星際探探，天涯如同比鄰，人類意識、理念，志慮、言行，足徵有更為寬廣遼闊又往來方便之場域；而對照東西雙方數千年迤邐而下之步程，自必各有所以處常應變，因時制宜之機緣和成就。依其從來之大勢而論，竊以為：彼則若登高山之常以此山不如彼山高而企望無休；我則若旅大地之即此地便通彼地而當下可安。夫「企望無休」，便輒見轉進創獲之功；而「當下可安」，則常致柔邇懷遠之業。前者在於開發物界，以裕現實之享用；後者在於保固天常，以成心身之康定。此看似背反矛盾，實皆同為整個人類生命之具體呈露或要求所應然。方今不期而際遇，正如經分綸合，誠屬萬古無比之盛事。當然，綸合有綸合之後效：將來景況，勢必彌天蓋地，無所不至，無物不盡。但經分亦有經分之前緣：先哲往聖，各依存在之實感，或外向地任情竭力，追蹤索隱；或內向地殫思深慮，固本培根。是二者恰如左右手足之對稱互補，所以能為水乳凝融之一體而不違也。

然而甚可憂懼者，乃當世人們，尤其部份高自為懷，持議無準，卻常能挾其細窄之專技專長、披靡大眾的所謂知識份子，既多脫不了族類習性而是己非他，又且偏傾現實物用與享樂娛情一邊之追逐，遂致人所應當為人之根源義理不彰，落得一切唯利是圖，唯權是奪，風頹俗敗而天下擾攘不安矣。試請舉目弘觀：大如邦國族群之仇敵爭戰，荼毒生靈，動輒百千萬億之數；小如老少男女之恣情劫殺，罔顧人道，無論文明野蠻之區。至於依僻執而黨同伐異，順貪欲而陰謀顯陷；假虛名以行險徼倖，憑利口以飾奸誣良，則已屬中、上階層營造生業之常態。總之是：善惡不分，是非莫辨。雖當集體共議之際，饒有在理上說不過去的尷尬，而形式地，或暫以敷衍他人，實則利便己私地制些法條，訂些規約。可是誰又果於信守？果然不畏強禦，無愧暗室而忠誠執著履行？似此情勢，每下愈況，正不知伊於胡底，而人間世界墮毀之災厄，固不待大自然之星雲碰撞，或資源耗盡，能量消失，必先由自逞私智，相恨相欺，互砍互殺，早已趨於滅絕。事極於此，則唯一能挽之道，便只有大家反求諸德性主體，人格尊嚴之覺醒與維護；挺立保固天常，定靜心身之觀念理想，並置為最重最要之鵠的斯可也。於是，表徵東方，尤其中國文化精神——仁義至上，教化當先之孔子思想與儒家制行，沒有理由不被正視；而作為群徑首始，持載生命之《論語》一書，更非大力推擴，眾皆熟讀體會，優游涵泳不可矣。

五、

或曰：《論語》文字簡樸，說理又未盡蜿蜒綿密之詳，焉見其大用有如是者？應之曰：昔人有言：「山不在高，有仙則名；水不在深，有龍則靈。」《論語》乃聖人為萬世開光點化，樹德滋修之偉構，高牆之內，所蘊「宮室之美，百官之富」，正如山之有仙，水之有靈，豈可輕藐？吾人今之誦讀，應知不在文學修辭華麗之欣賞或習尚，要必以陶鑄性情，琢磨品德，進而堅志明道，身體力行為先著。落實於當前世界文化殷求整合，百務日新不已之時勢而言，亦即須由「存乎一心」之妙運，給予乾澀之百業萬彙以精善之潤澤照明，正確指引，得使各自能循如理合度之常軌而開展——為工則製良器以益民用；為商則營公利以裕民財。從學則發智敦品以勵社會；從政則致身任重以靖大局。凡所舉措，皆有可以修己而安人，正身而御物者：無論世情如何張拓，科技如何繁衍。乃至術精「基因」而複製生命；思入「太空」以宰制星群。年壽可控；移居任便。終須「統之有宗，會之有元」，一歸於人格為尚，德教為宗之天和與化育，斯誠萬古不廢真理之所行。然則舍創闢儒學之孔子為導師，《論語》為典謨，豈復別有嘉途得而取代之乎？聖人曰：「君子之德風，小人之德草，草上之風，必偃」，此時此刻的世界，正亟待乎有心有力之君子，一念動發、領先而為轉捩也。緣會難再，機不可失，凡百志士，曷其勉之！

伍、生命的轉機——從游牟師憶往

一

民國四十年前後，正值國家多難之期，我在軍中隨著部隊調遷轉徙，居無定處，精神上甚感空虛，茫茫然不知人生前景如何定位。所幸在一個偶然的機會裡，接觸了《人生》、《民主評論》兩份刊物，上面常有唐（君毅）、牟（宗三）、錢（穆）、徐（復觀）諸先生，申論歷史文化與批判時風世見的文章，我篇篇詳讀，深受感動啟發，覺得在煩雜沈重的日常瑣務和軍操外，找到了心靈的歸屬，人生的理想及方向當在於此；尤其是牟先生的各篇（後輯為《歷史哲學》、《道德的理想主義》、及《政道與治道》），更是讀之再三，不忍釋手。雖然對諸先生的學問識見，極為景仰，但也僅止於心嚮往之；直至四十二年春間，長期在新兵訓練團駐足下來，才忍不住提筆向牟先生請益。

起初我認定他在香港新亞書院執教，因此將信逕寄新亞。過了三、四個星期不見回音，我想大概是大人物無暇理會小兵，心理失望極了。不料月餘之後，忽然收到先生五月二十日由臺灣師範學院寄來的一封長信，除了說明因香港轉遞以致遲誤外，主要內容則在詳細解答我的問題（並附有〈平等與主體自由之三態〉、〈中國文化之特質〉兩篇長文）；最重要的是以極親切關懷的態度，給予我無限的勉勵和開導。我收得此信如獲至寶，心中所受到的鼓舞，真是無可言喻。從此自更勤於讀書，體認至理，且約兩週必去一信奉聞，先生也大致每信皆答。

四十二年秋，我被服役的部隊輪調參加「三民主義講習班」受訓一週，班址即設在臺北臺灣師院大禮堂，於是在一個下午課程結束後，抽空至教師宿舍拜謁先生。當時通訊不便，沒有辦法先行預約，先生剛用畢晚餐，見我突然來到，極為欣喜，立即邀我去淡水河邊談天，我以講習班管制甚嚴（規定晚自修必須報到點名），不克全程陪侍為憾，只能在校園內散步十數分鐘。幸好途中遇一瘦削青年，身著長袍，恭立道傍向先生敬稱「老師」如儀，先生即為我倆介紹認識，我方知即前在信中曾經為我言及大有穎悟力之王淮是也。彼此握手稱慶，互道久慕之餘，旋即由他相隨先生而去。這是我第一次面謁先生，時間雖短，卻深切感受到先生坦誠相待，殷殷提挈之至意。

二

軍中自民國四十三年開始實施休假辦法，我每半年可獲兩週的休假。第一次有這休假機會，我便前往臺北拜謁先生。當時先生已由學校宿舍搬出，工友告訴我，在羅斯福路底的公車終點站「公館」地區，先生置有一棟館舍——東坡山莊。我循址找去，原來是位於一個小圓山頂的幾間簡陋磚砌房子，低矮狹窄，僅有約五、六坪由竹籬圍成的庭院，可容七、八人設席而坐。我剛到時，先生正準備出門上課，又適遇傭人請假，見我恰巧碰上，極為高興，便門不加鎖，要我代為看家等待；約三小時後下課回來，才領我至山下小吃店用餐，然後在院內相與交談，直到下午四、五點，我才以先生應當休息告辭離去，一連數日如此，而且延續到以後幾年，每逢休假我都照例前往拜謁，晚上住宿南海路陸軍總部招待所，白天則整日待在東坡山莊。如遇天氣燠熱，則移座到院外一株蔭蔽頗廣的鳳凰木下避暑喝茶。猶記得先生每以宅前有此可供納涼之巨木為慶，卻又因生長北部之此類樹木不得開花而常表惋惜。

無論去的次數如何稠密，先生總是以非常愉悅的情意相迎，然後藉著之前在信中提及的一些問題，隨機引伸，為我詳加指點和闡明（或許應該說即是「傳道」吧）——時而析論古人、評斷是非；時而暢言世務，抒發義理。常是數小時滔滔不絕。家中僱有孫姓老傭人，按時供給飲食，無虞饑渴，是故可以終日談論不輟。有時晚餐後，師院學友三五來訪，則大家更如泉湧般暢敘至深夜方休。

當時先生於教授專業課程之餘，不拘校內外，每兩週並與性情相契應的同學或青年聚會，講習哲理二至三小時，名之曰「人文友會」。我因遠在新竹，且束於軍律，自然無法按時去到現場聽講，先生則仍明白交待有我的加入，叮囑主事者將每期講義寄我一份。會中常見的名字有王淮、唐亦男、郭大春、陳問梅、戴璉璋、周文傑、朱維煥、朱守亮、馬光宇、陳修武、陳癸淼等；仁厚兄則參加稍晚，惟彼才思敏捷、心志專一，後來的記錄——〈人文講習錄〉，卻都出自他的手筆。這些朋友，每當在先生處與我見面，皆如久別遇故知，熱誠相待，並不視我為異數而見外，我亦不以未得為在校學生而自慚或退縮。凡此種種俱可見先生愛我之甚與拔舉之力。師友情誼，深摯如是。我固終身不能忘也。

三

四十五年六月，唐先生隨香港學人團體來臺訪察，我適亦逢休假往謁（牟）先生，聞得這個大好消息，立即一面函告久已通信卻從未謀面的仁厚；一面則隨先生至民主評論社會見唐先生，並且陪同餐聚。次日中午，仁厚從基隆趕來東坡山莊，兩人由遙懸繫念至相對面敘，真感無限快慰。接連數日，便相偕參與先生刻意安排歡迎唐先生的聚會。最融和的場面，一次是傍晚淡水河堤上的茶聚，涼風習習，星月朗照，滿座二、三十人；一次是趁人文友會之定期講習，特請唐先生在師院大禮堂作講演，約集聽眾數百人，皆先由先生引言，然後唐先生縱談人文理想及來臺觀感。一時之間，得兩位風靡臺港的哲學大師，相與多番會談，予我後學晚輩以最深廣之鼓舞興發，誠可謂之學界一大盛事。而後來新儒學之在海內外蓬勃發展，實已見其先兆於此矣。

是年八月，先生應徐復觀先生之邀，轉至東海大學任教，原來人文友會諸友，多因畢業後就職各地，不復按時聚會，我則仍然藉賴書信請候。十二月，先生知我與仁厚皆無家累，特地來信囑咐我們前去共渡東海的第一個春節。於是仁厚先自基隆來新竹營區找我，隔日始相偕前往。但火車早已滿載，行駛有如牛步，我們硬擠上車，待了四、五個小時才抵臺中，又於新闢的石子路上步行（雖然叫了一輛三輪車，可是單載行李便已拉不動了）兩小時到達大度山，在荒涼的校園內，正感無處尋覓先生，忽見他老人家獨自在小徑散步。師生久別相逢，欣喜之情滿溢，遂亦渾然忘卻來時旅途疲憊了。

四十六年舊曆四月二十五日，先生五十哲誕，居住臺中諸會友，發起為先生祝壽，各地到者十餘人，歡慶盡興。自後部份同學則仍不時相約往訪，或請講述專題，如康德之知識論——先生力作《認識心之批判》；或請解釋古典，如老子《道德經》，莊子〈逍遙遊〉、〈齊物論〉以及魏晉名學與玄理等。這時我因行役既久，稍得活動自由之便，亦幾乎每會必從，只惜基礎訓練不足，於先生浩瀚周延之學，不能如實記取或傳達；僅憑直覺掠得或稍透其深層的義理之蘊而已，是則所常以為憾也。生活方面，先生於授業解惑之餘，仍不忘交待傭人為大家預備膳食；好在東海的教師宿舍，都是獨棟式的，遠較臺北寬廣多了，木板鋪地的客廳，白天自然成為講堂，夜間則收拾桌椅，七、八個同學便在其間並枕而眠，不覺擠迫。我離家在外，儘管長期渡過軍旅團隊生活，然仍時感孤寂莫名，卻在先生這裡既獲得智德的滋養、又蒙受同儕友輩關愛的情誼，誠有如魚得水之歡。似此師生相聚，一如家人的情景，雖至民國四十八年先生與師母趙惠元女士結婚，亦不稍改。而在久經濡染之下，我亦偶或習作論文，送請先生教正，尤其關於文化或宗教義理方面的討論，先生於我，輒有嘉許，我則因之而益思自勉。

四

四十九年六月我自軍中退役，輾轉各地謀事不成，先生知得這個情形，便招我來家相伴。我在先生寓所一住數月，朝夕共處，感發愈多。十月先生應聘香港大學高級講師，本來已經決定長期在港任教，但在東海仍以短期講學外校為名，目的即在保留宿舍一年，讓我繼續有個棲身之所，好準備臺灣省教師檢定考試。臨行前及爾後書信中且再三拜託徐復觀先生予我照顧，曾特別將我近期在《人生雜誌》發表的〈宗教信仰與宗教真理〉及〈我們所望發揚的宗教精神〉兩篇文字，認係難得之作而介紹徐先生參閱。我於是得正式親近徐先生，後亦確實得到他的許多幫助；在牟先生的宿舍住滿一年，學校按規定必須收回之際，徐先生即為我向校方商請作他的私人助教，乃得轉往招待所居住及每月新臺幣六百元的津貼；直至教師資格取得後，復為我介紹至臺中市一中教書。二位先生對我的齊力照顧，安排得妥適無缺，我心中已不是感激二字所能形容。

五十三年春，先生返臺回東海講學半年，我則任教省立善化中學高中國文，此時我因王淮、唐亦男，戴璉璋、唐亦璋二伉儷之助，與內子魏玲珠女士結識並議及婚嫁，於是敦請先生為男方主婚人；六月上旬，先生偕同師母專程南下，為我主持婚禮，由唐亦男安排住成大招待所數日。不久，再去香江。之後十餘年，先生迭番往來臺港兩地，或為中興文學院之成立助臂，或為凝聚漸趨流散之友會向心力，事先必定直接或間接告知我行程及住址，我必前往迎迓或探視，往往眾師友歡聚一堂，其樂也融融。

六十三年先生自香港中文大學退休，六十四年返臺，應師大、東海、成大以及聯合報之邀請，發表多場演講，所至都聽眾滿堂，座無虛席。先生講演每次都有不同的題目，總是內容豐沛，論旨透闢，且不需要底稿，甚至不用大綱，但憑精純一貫之理念，娓娓道來，如數家珍；而語到深處，往往意若飛馬，聲似洪鐘，其風動人也，足使人忘卻身在何處。這期間我已輾轉至臺南師專任講師，大多可以抽暇隨同陪侍，尤其在成大時，由王淮、唐亦男親自款待，又長住數週醫牙，我更有緣多所親近。當時小女正值換牙年齡，見到牟爺爺便咧嘴嘻笑，露出殘缺不全的牙齒，先生還迭加戲謔逗弄，至今小女猶依稀記得。

六十五年以後，先生正式兩任臺大客座教授，及先後任師大、東海、中央等校榮譽講座教授十有餘年，大多講學於各校之哲學或中文系所，引導出許多心胸開朗豪放、術業湛深穩健的青年精銳，如以「鵝湖」為中心之諸君子者，得使新儒家學風蔚然興盛，氣勢如虹。而我輩年齡稍長之會友，且忝被推為不需作為而足徵開啟山林之先進也，幸何如之。

五

七十七年政府開放大陸探親與准許學術交流，我亦多次回鄉或往應各地學術研討一類之活動。每次途經香港，必然前往先生位於靠背壠道的寓所拜望（先生自中文大學退休後，仍然任教新亞研究所，為哲學組導師），住處是在一棟老舊公寓的四樓，上下並無電梯可乘，據說從初到（一九六〇）香港即行租定，三十多年一直不曾遷徙。屋內尚稱寬敞（以香港一般標準而言），然家無長物，書房內僅一桌一椅一床，以及一個幾乎沒什麼書的書櫥；正對書桌牆上貼著一方紅紙，是先生自書的祖先牌位，感覺極為空爽。先生對於我返鄉之行頗不以為然，認為共產黨絕不可信任，不要隨便落入它圈套；以後三、四度的去來，先生都表示這樣堅決的態度，可見其對唯物為尚的共產主義痛惡之深。

最近數年來，先生每以香港九七大限將至為憂，知其終非久居之所，乃於八十一年決心返臺定居，由聯合報創辦人王惕吾先生購贈一棟寬約四十坪的公寓，設籍臺北縣永和市的福和路。前（八二）年十二月鵝湖「第二屆國際儒學研討會」，先生作完大會主題演講後的第三天，忽覺氣血不順，經住臺大醫院數月治療，大致痊癒，雖體力略顯衰退，然而學生前往訪視時，仍以歷史文化擔負之重講說不輟。今（八四）年三月初舊疾復發，再次住院十多天；病情稍見穩定，便又要求返家，然氣微聲啞，漸不復能暢所欲言，則常藉筆書表達心意。延至三月二十左右，忽因喘息嚴重進住加護病房，纏綿病榻近月，終告不治。

我自二月以下，多次到病院及府邸探視，先生都點頭拱手為謝。四月十二日，聞得先生病至危急，即搭早晨六點國光號車到臺北，剛好趕上十一點病房探視時間，只見先生雙目緊閉，在氧氣輸流管幫助下規律地張口呼吸，卻渾然不知床前可有人在。下午三點，我復至身旁，握其手，撫其足，並聲言暢敘往情約十餘分鐘，先生忽然兩唇張合，舌亦蠕動，似欲有所回應；延至三時四十分，我不知是幸抑或不幸，竟親視先生溘逝長眠。數十年追隨問道，如叩鐘鳴，而今一朝永別，怎禁得悲情悽愴，於是拭淚思曰：

是天不弔，大雅云亡，非惟門生之失倚，實亦邦國之殄瘁，嗚呼傷哉！

附〈為仁厚兄七十壽辰祝賀詞〉

我與仁厚相交，屈指已歷四十五年，初時彼此皆在青年，如今則漸臻白髮皤皤老邁之境。日內接其令男、女公子之徵文啟言，竟是為祝「七十壽辰」而發，不意從來相傳「古稀」之年，吾輩俱得而同擁有矣。欣慰之餘，特就友情所鍾，為之略述感懷以應，並掬誠為致賀衷也。

民國四十三年（一九五四）的一個秋天，我造謁　牟師寓所拜瞻聆教時，剛進門，先生就告訴我：「有位名叫蔡仁厚的青年，在基隆水產學校任教，由程兆熊先生引見後，最近都參加人文友會講習，昨天才來過這裡，可惜你們沒有碰上。其人敦篤厚重，恭謹誠恪，所作講會記錄，明白周詳，甚為難得。」我一聽，就直覺是個可以互訴生平的好朋友，便忙著抄下他的通訊地址，回營後立即去信傾吐宿願；果如同心相印，旋獲覆示長函，字裡行間充滿虛懷懇摯之純情，良言讜語，無異金玉擲地之鏗鏘盈耳。再三讀之，令我歡愉振奮，久久不能自己。

自茲以後，彼此許為知己，或藉函電神交，或相期約面敘，綿密往還，數十年來未嘗間歇。其間之作為強有力綰合動因者，當然是唯　恩師牟先生道德文章之信持與鼓舞，故能愈久而彌堅——事實上，在於四十九年（一九六〇）以前，我們年年、甚或半載、數月，總會同至東海師處陪奉三、五日凝斂精神，淬礪志意。及師移駕香江，往來臺港講學，二人無論得何訓諭或行止消息，則必互相通告，並共諸友趨前迎迓。每當大家重逢把晤：時則侍坐滿堂，聆講演而明至理；時則隨伴郊遊，覽勝景而啟哲思。濟濟雍雍，風流雅致，誠有如聖人所贊「時習」和「朋自遠來」之悅樂者。平情追憶，于時仁厚之裕我感受，確實備極直、諒、多聞之益。原因是我之久羼行伍，昧於世務常識，苟有疑難困惑，只須坦誠與之述說，便得爽朗明快之剖析點撥，而可豁然開吾心胸，去吾煩苦。不徒此耳，其尤有足稱者，乃為人之內剛而外柔，律己嚴而待人寬。凡所見得事理真切，便堅執不捨；而期於成功或達善，則可容多途並行。若遇異議非指，既無能改其本懷；卻也忍讓相對，退聽時宜，終且化阻力、弭紛爭於無形。是則更為吾之所當師法也。

仁厚性德沉穩，才思敏銳：行己則循名務義，為文則深入淺出，高明、中庸，兼而有之。其在大學授課，先是《論、孟》，次及《宋明理學》，又次則主講《中國哲學史》，皆直探孔孟精微，窮究諸子曲折。成書滿架：專著則發先賢之奧蘊；通論則極文化之幽妙。謹守師門矩範；宏擴儒學中道。當代新儒家自熊（十力）老先生衝破現實，重揭先聖本原義理；張（君勱）、唐（君毅）、牟（宗三）、徐（復觀）四巨擘繼之大聖修領域以下；現已屆乎推拓美種，普植嘉禾之第三階段，仁厚則堪稱此中錚錚佼佼者之一。觀其所撰諸公《年譜》或〈紀傳〉、〈記言〉，乃至　牟師逝世時各類巨細靡遺〈文、表〉之製作，可知其平素之用心切摯，及於吾道傳承之實績為何如矣。

仁厚德業允充，家聲亦顯：民國五十一年（一九六二）結婚，得德英嫂之為賢內助，相與敬持誠正，勉力修齊，今男、女公子，或紹箕裘，任教上庠；或事工商，裨益社會。恰如螽斯衍慶；麟趾呈祥。德與壽並懋；福與喜駢臻。猗與庥哉！猗與庥哉！

民國八十七年歲次戊寅　學友周群振敬賀

陸、關於時代病癥的省思與證見

接奉《鵝湖》社長及主編先生（二〇〇四年）五月五日通告師友徵求表示意見的啟函，中間特就臺灣當前危疑動盪的情勢列有五個各別的問題。我以為這五個問題，實有相連而至的一貫性。不過，第一所謂的「公民社會常態」與第二所謂的「臺灣史與臺灣文化傳統」二問題，是需要作深長理論的分析，才能交代明白的。概略地看來，都可有正反兩面的指述：一是從大中華傳統來作衡斷的稱許或不許；二是要拘定在跳脫先代理念的羈絆，從而打造即自今日開始的斷代式新貌的正當或不正當。惟有基於上面這兩個可左可右或既左既右情勢的真認知，始得為下面的「兩岸統獨」、「權力腐化」、「民粹走向納粹」乃至更多枝節問題之是非正邪的判定。在此，我的一個簡單而直線的思考進路，是可以據近代歷史事實的演變來作點前導式觀測的。質言之，即自清末民初以來，我們社會居上層領導或指導地位的官僚和知識份子，由於趨慕西化，視傳統的道德教養、人類的品性修習於無足輕重之域，致使一般的人生理想傾斜於物質享受，而漸失其立身處世應持的仁義中正之風。這種氣候流衍到光復後的臺灣，就是四、五十年代許多大專學校教師與社會學者，對當時久經馬列共黨折騰、激磨出來的威權政府，依自由主義一條鞭的想法，明表抗拒；推而移憾於傳統的學術文化相約人必守信崇義之為錮蔽，不遺餘力地排盪摧破。其發展的軌跡，是藉著幾份名目堂皇而實甚煽情的雜誌作宣嚷，最先即以《自由中國》批評政教肇始，接著是《文星》、《大學雜誌》和《美麗島》……等以黨外名義行誇張炫惑的各種書刊紛紛出籠、泛濫於全臺，普遍影響一般涉世未深的學子，自願投入彀中，貢其所能。這便是後來亦即現在許多在官則玩權弄勢，為民則偷盜搶劫，造成天下大亂，一無是處的根源和由來。【當然，其間亦實有若干奮身仗義，爭取民主自由的熱血青年，後來卻因不齒居心叵測、惟權是奪之徒的妄為而與之決裂退出，十足令人敬佩者。只以篇幅所限，此處不便詳舉。】我們就此追究進去，也就可以明白當前最嚴重而深摯的問題，全在人類（或人群）良知理性的墮喪了。真的！一個人或一團隊，如果真是墮落到全無秉持道德理性的自覺，就必然會如孟子所說的「放辟邪侈、無不為已」；或像歐陽修《五代史記》中對彼時士大夫之所感嘆為「廉恥道喪」的。請看！今天場面上許多赫赫其貌的人物，他們在權利薰心的迷醉下，一切行事，那怕完全悖理犯義、荒謬絕倫，說出來、或者做下去，不是一點也不臉紅、不膽怯嗎？有時為達目的，不但不守義理原則，就連邏輯法則也可以全然不顧了。以這樣的人物，這樣的心態，來執行國家的政務，國家怎得不日趨靡爛呢？

然而吊詭的是這樣詐欺多變的人物和團隊，竟然能藉鬼祟手段，操弄民粹而日形壯大，至於摧破整個社會、撕裂和善族群而洋洋得意，豈非正因一向的學術文教兢走偏鋒；反道德、去中國化，以致人無真知、無定識，讓他們輕鬆地騙得一半的普羅大眾隨風而倒，難道不是今天這個世代大悲劇的現勢？現在我們到處看到有人在喊著「改造」和「改革」，卻很少從這根源的地方去用心著力，更張易化的；實則除此之外，我認為無論我們怎樣的呼喚、嗆聲，或者討論、建言，都會是落得如一般所說的「狗吠火車」，無濟於事！因此，我在三二〇事件及紅衫軍倒扁活動的情緒激盪下，勉強寫了幾章牢騷式、卻也企望保存些微正氣的坦露無矜持的不成格律的歪詩，題為《現代春秋・歷史見證・奮聲吟》，乃所以稍舒內心的憤慨；實意亦在對時代之迍邅，無可奈何地表示一點懲惡勸善的苦情，是否能以略收外在的戒懼而致惡跡少斂，則非所敢預期也。（歌詞另附）

國事深陷泥淖，果真無法救贖了嗎？我想要在大家覺悟問題之所是和其所由來，擇舉或培植才德超卓、志意堅定的強力人士認真地崇善除惡、去故生新，還是極為樂觀有望的。然則斯人者果何在乎？必須每人之反躬自省自惕才行！

柒、儒佛同異辨略——七古歌行四疊

邇來以知見博採為旨，泛讀了若干宗教、哲學類的書籍文字。隨著各個大家之繁複思程，迴旋迤邐而前，初固頗覺識量果有增益；然繼之愈事深探，則愈感歧路紛陳、枉曲繚繞，莫能得一充實生命之正途以從入；甚者，且幾於懵然自忘其宿昔所崇尚、而屢歎才命之淺陋不濟！翻覆再三，終復反躬內省原始本懷，乃更確認向所崇信先聖「稱仁講義，修己安人」之為絕對直道而不可忽，於是借異家最著之佛氏悲情與吾儒仁願對比而略申志意如下錄。非敢輕為創議，蓋亦綜觀前哲思理有如是者之愚情偶占而已耳。（通義請參拙著〈儒家圓極教旨之體段抒義〉，該文已輯為《儒學義理通詮》第一章，學生書局印行。）

中華民國農曆九一年正月初旬

(一)乾坤宇宙，同見異思

先天有物渾然呈，無始無終自爾存，釋氏看來黑黝黝，尼父但感白森森；
黝黝黑洞須處治，森森白塊利載承，乾坤鑿破由是顯，哲人為申宇宙論。
如上所言客觀事，收歸主體計成功，釋迦意在解苦厄，夫子道貫尚為仁；
苦厄得解即自在，仁術推充普世寧，二家雖曰途向異，及達彼岸境斯同。
惟是義涵太玄遠，循持猶似攀極峰，若儘畸辭蜿蜒說，更教通人難悅從；
天人道上本直捷，枉曲思程反費神，而今採掇易簡法，姑且為君表分明。

(二)理一分殊，間釀惡蹤

洞塊黑白且莫追，但問人果欲何為，富貴榮華種種相，無或能正吾分位；
宏觀兩間流形質，獨一善字莫可違，即此一問與所見，便顯心智時相隨。
心智隨處開新運，兩間通體迎光輝，三千世界屬多元，藉著光輝得摶聚；
摶聚因心為貞定，亦實順承乎理一，共命通工往前趲，成就分殊現象跡。

現象源頭本潔淨，當該性善為前提，尊性循善勤持守，正路安宅大利吉；
卻為殊途多奔競，諸行各別有間離，間離則必留罅縫，致釀惡蹤趁釁隙。

(三)佛氏戒禍，專意除惡

惡蹤掩至甚猖狂，及早消解弭災殃，否則將如山洪暴，傾家滅頂不得償；
佛陀深懼禍無已，尋根竟建緣起檔，緣起無明依何處，依於初見漆黑場。
黑場本來非覺體，無有是非邪正藏，一經粘附眾生類，便成罪惡滋漫鄉；
代代祖師拚全力，總為拯救地獄忙，試問拯救者為誰，相對還是人身強。
人惟意識肇諸孽，旋復又道心真常，意識真常反覆辯，空有台嚴宗派揚；
語涉煩瑣思繚繞，法旨分歧判天壤，太著虛寂遺實理，離教終虧仁之方

(四)儒聖崇善，立誠御物

儒聖思維最平情，踐履高明又中庸，昭顯超越兼內在，體察圓極上下層；

上層無形司創化，下層有形秉命行，美大聖神皈至理，萬事萬物俱以生。

迴身省觀意何似，原泉滾滾繼繩繩，揮灑自如無阻礙，統由心性作主因；

心具良知性本善，是非邪正辨得清，任他場地白還黑，我自為元亨利貞。

我既非為私小我，天人和合繫一身，身固肩負奇重任，家齊國治總如分；

世務紛繁難全與，窮追盡趕不相容，欲平天下先修己，備物之道唯立誠。

附錄：現代春秋、歷史見證

奮聲吟(一)

三二〇選舉顛覆，通夜難眠，沉潛翻省，聯句自遣；旬日相續，情勢時變，幾經增改，遂成此篇；內容真理，不計表面，憂危在抱，筆誅代言。（仿七律不拘平仄）

一、啓思

依理平情作估量　世運應今露曙光　怎奈狐鼠合詭異　全仗欺罔釋假方
黎庶被炒甘蜜飴　醜類著迷厲瘋狂　祇求勝選奪連任　四載政績空大荒

二、追根

居位不存誠敬想　操弄民粹毀憲章　政經文教缺理念　語言興作盡荒唐
資源私享類私產　名器分授實分贓　硬派此土與彼國　族群析離成兩幫

三、原過

意識偏傾極邊廂　凡所經略欠正當　外顯不見大節度　內貯唯是狹心腸
護身陰匿如毒虺　詈人凶狠勝惡狼　一切措置俱己出　翻覆僻執逾昏王

四、斥惡

山河巍巍又蕩蕩　朝臣挾私造禍殃　邪說橫議黑白講　泯是飾非口舌強
佞倖據位收錢貨　妾婦濫權脅官商　眼見人心去大半　搏情竟藉兩槍傷

五、揭偽

某院素常表贊襄　此回往診好遮藏　刮膚小創輕護理　秘療多時嚴關防

故令百姓久焦急　方便嘍囉布恐慌　國安機制隨啟動　軍民票攫百萬張

六、發奸

先借公投鬧嚷嚷　總為做票機不忘　陽謀再三弄巧術　暗算終歸白勞攘
霸權巨利行將沒　毀體戕身冀得償　凶果原(計)(應)驕婦啖　奈何主帥(誤共)(屈己)嚐

七、辨惑

眾皆識透彼虛妄　宿怨充積忿滿腔　須知古今通行例　決然正邪分道揚
惡跡縱難罄竹寫　罵名定有信史彰　至理高明誰敢侮　豈容鬼祟犯天常

八、抗爭

三二零日妖未降　群情激憤會廣場　旌旗揮舞照寰宇　叱吒威聲撼穹蒼
魔宮玩法不稍醒　英烈持志愈堅強　四方豪傑潮湧至　前後輪番競相將

九、感傷

電視傳真如沸湯　情節感人心惶惶　頂風冒雨賽鐵漢　怒目振臂似金剛
彼俱竭力護正義　我且無緣餽壺漿　回身省惕何所事　為昭懲勸語數行

十、自勉

窗下依然漫書香　相共賢哲意徜徉　朽材無所益當代　拙作未足通互鄉
文明優善存夏統　言行忠敬走貊邦　八二志業逢此際　奉法麟經蒞以莊

附註：六章之七、八句雙關二女

甲申仲春之旦　思行居士奮聲長吟

奮聲吟(二)

九十五年九一五臺北紅衫軍圍城之夜宣唱

阿扁六年執國政，二藉槍傷偽作成，
本是沐猴充在位，怎堪經國重責任；
無德無能無誠信，惟貪惟腐舉世聞，
進才全憑私己意，凡屬忠藎不得存。

府院承顏必佞倖，匍匐階前盡蠹蟲，
縱容妻婿和僚友，勾結斂財似鯨吞；
弊案疊積如山樣，操控司法莫能伸，
禮義廉恥既喪滅，猶自誑言無慚容。

如今國且不成國，民陷水火不聊生，
怨怒衝霄貫牛斗，恨不偕亡彼昏君；
忽然晴天霹靂響，施君吼出倒扁聲，
七日集資逾億萬，府前靜坐滿地紅。

類此歷史大事件，場中焉可無我人，
賤年雖已八十四，義憤難消塡胸膺；
甚慨先發眾志士，累日冒犯風雨身，
不顧體衰路遙遠，也要北上贊群英。

國家圖書館出版品預行編目資料

十載感思與存想——衰世危行亦危言

周群振著. – 初版. – 臺北市：臺灣學生，
2007 [民 96]
面；公分

ISBN 978-957-15-1276-8 (精裝)
ISBN 978-957-15-1275-1 (平裝)

1. 儒學 2. 文集

121.207 96019400

十載感思與存想——衰世危行亦危言

著作者：周群振
出版者：臺灣學生書局有限公司
發行人：盧保宏
發行所：臺灣學生書局有限公司
臺北市和平東路一段一九八號
郵政劃撥戶：〇〇〇二四六六八號
電話：(〇二)二三六三四一五六
傳真：(〇二)二三六三六三三四
E-mail:student.book@msa.hinet.net
http://www.studentbooks.com.tw

本書局登記證字號：行政院新聞局局版北市業字第玖捌壹號

印刷所：長欣彩色印刷公司
中和市永和路三六三巷四二號
電話：二二二六八八五三

定價：精裝新臺幣四二〇元
平裝新臺幣三四〇元

西元二〇〇七年十二月初版

12149
ISBN 978-957-15-1376-8 (精裝)
ISBN 978-957-15-1375-1 (平裝)